知識ゼロからの モチベーションアップ法

太田 肇
同志社大学政策学部教授

Motivation UP Method

幻冬舎

管理職、人事部必読。やる気のしくみを作れば、生産性は勝手に向上する

「これじゃ、モチベーション上がらないよ」

若手から、こんな言葉が聞かれます。モチベーションとは、すなわちやる気。上司にとってはどきり、とする瞬間です。口コミサイトに「モチベーションの上がらない職場」などと書き込まれると、募集をしても人が集まりません。**「モチベーションが上がらない」ことを理由に簡単に若手社員が辞めてしまう**時代です。さらには管理職世代でさえ「やる気が出ない」と、悩む方が多くいます。

これまで世界で称賛されていた「日本企業」が、今や「生産性の低い」無気力な集団に位置づけられようとしています。一体、なにが起きているのでしょうか？

私はこれまで、長年にわたり日本の企業を「組織」という観点から研究してきました。その経験から見えるのは、現在日本企業が抱える「モチベーション低下」という問題は組織に原因がある、という事実です。そして、その原因をとり除き**「新しいしくみ」さえ作れば、企業も人も息を吹き返す**ということなのです。

やる気が出ないとき、多くの人は、心の中であれこれ悩みます。けれども心の中だけをいくらいじってみても、モチベーションはなかなか上がりません。大事

なのは、**行動パターン**とそれを導く**しくみ作り**です。

不思議なもので、人は行動パターンや組織のしくみが変わるだけで、心も自然に変わります。モチベーションの上がるポイントを押さえ、組織の**システムを変更するだけで、働く人の心は生き生きと鼓動を打ち始める**のです。

本論に入る前に、日本企業の状況について考えてみましょう。

かつて日本企業は、優れた製品を作る生産工場がその大多数を占めていました。いわばきめ細かな単純作業の積み重ねだったといえます。製品を作るために全社団結し、献身的に働きました。私たちには「がんばりのやる気」、つまりなにごとも根性で耐える「量のやる気」が必要とされました。

ところが、現在の日本企業に求められているものは、より知的で独創的な仕事です。そうした分野では、がんばればいい、というわけにはいきません。**クリエイティブなものは、根性からは生まれてこない**からです。**大事なのは「質」**です。夢・志や遊び心を持って工夫することで、知的な生産性が上がるのです。

今、**日本では「質のやる気」が重要になっているにもかかわらず、会社では従来通り「量のがんばり」を求めている**。そこに、現在の日本企業の問題点があるのです。「質」のやる気を上げる枠組みを作ると、人は見違えるように生き生きとします。量を求められると人は燃え尽きてしまいますが、質を求められると、脳が活性化して、エネルギーが湧いてくるからです。**一人ひとりがモチベーションを上**

げることで組織全体が活性化して、会社全体の生産性も向上していくのです。

「モチベーション」は心理学のテーマとして扱われます。モチベーションの解説書もそのほとんどが心理学の本です。しかし、モチベーションを現実に上下させているのは、心理よりも組織や集団、人間関係などの社会的要因です。モチベーションを上げるには、社会的要因をどう変えるかが重要なのです。

本書では、組織や集団、人間関係など社会的要因に重点を置き、一人ひとりがモチベーションを上げることのできるしくみ作りのノウハウを、イラストとともにわかりやすく説明しています。

私自身、役所勤務を経て組織論の研究に至った経緯もあり、一般的な経営者目線とは一線を画していると自負しています。「やる気」は「組織への貢献」と結びつけられますが、私はつねづね、**各々が自分の能力を伸ばし、楽しみながら働ける組織を作るにはどうしたらよいか**、ということを考えてきました。一人ひとりの具体的なモチベーションの上げ方に触れたのも、そのためです。

部下に悩む上司だけでなく、自らもモチベーションの向上を望むすべての人に、本書を役立てていただければ幸いです。

同志社大学政策学部教授　太田 肇

やる気が出るのはどっち!?

モチベーションが上昇するのは、どちらの上司？　どちらのオフィス？
職場の日常を思い浮かべながら、どっちがやる気を後押しするか考えてみよう。

Q1 上司のタイプは？

プレイヤー上司

本人の抱えている仕事が忙しいプレイヤー型。手取り足取りの指導はしない。

VS

人情派上司

事細かに部下を指導、管理し、プライベートな問題も細やかにサポート。

Q2 目標設定は？

とても高い目標を与える

とても高い、理想の目標を上司や会社側が与える。

VS

届きそうな目標を掲げる

がんばったらできそうな目標を本人に設定させる。

Q3 オフィスのレイアウトは？

ブース型オフィス

仕切りがありプライベート空間が保たれるタイプ。

VS

大部屋オフィス

向かい合わせの机で、周囲が見渡せる大部屋タイプ。

Q4 席の並びは？

ローテーション制の席

Bさん	Aさん	Dさん
Cさん	Eさん	Fさん

バラバラ

あらかじめ曜日で席が決められていて、並びが日々変わる。

VS

固定制の席

Cさん	Bさん	Aさん
Fさん	Eさん	Dさん

固定

いつも同じメンバーの顔を見ながら仕事をする。

Q5 責任管理は？

自由にできて責任は上司

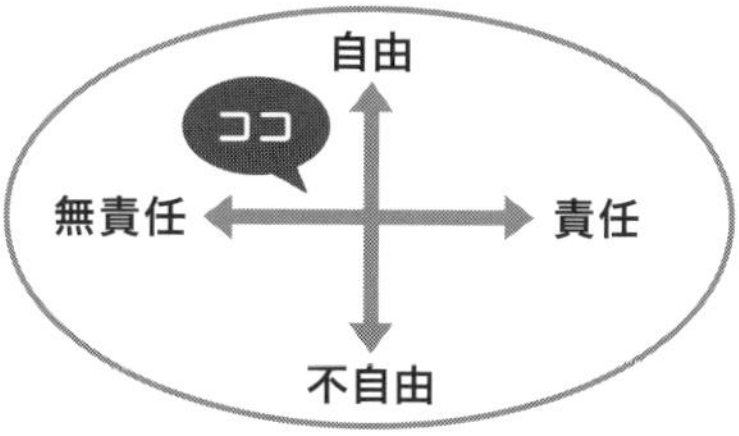

自由に仕事をさせ、失敗しても責任を本人に一切問わない。

VS

自由にできて自己責任

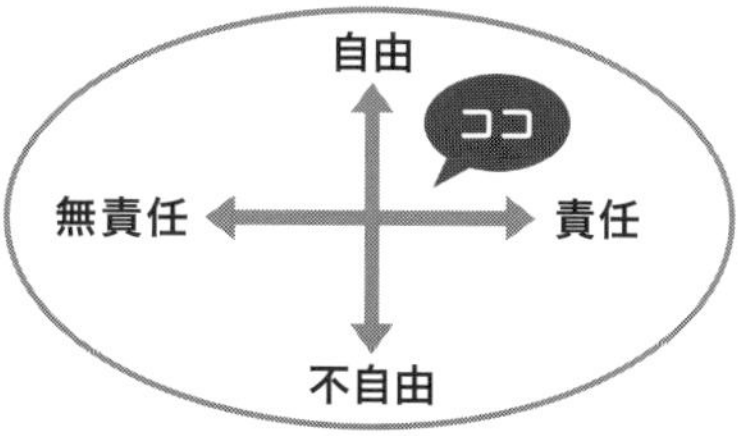

なんでも任され自由にできるが、基本的な責任は本人に問う。

Q6 チーム編成は？

違う能力を持つ集団

VS

似たような集団

それぞれ別の能力を持つ人たちを集めたチーム。

同じような能力を持つ人たちを集めたチーム。

Q7 出世ポストは？

複数のポスト

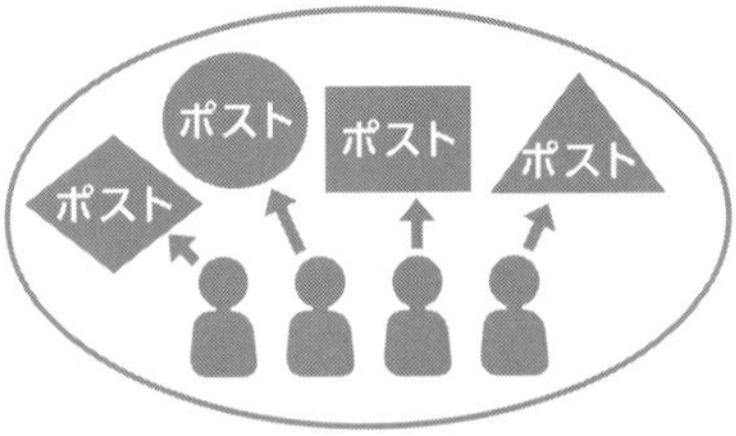

VS

一つのポスト

いくつものポストをそれぞれが目指す。

たった一つのポストをみんなで目指す。

Q8 ほめられるときは？

顧客からのほめ言葉

VS

上司からのほめ言葉

顧客や社外の人間からほめてもらう。

上司や会社の仲間からほめてもらう。

回　答

Q1
プレイヤー上司

細かすぎる管理は、モチベーションにとっては逆効果。上司が忙しく、部下に裁量権を与え、本人の責任のもとで仕事をさせるくらいのほうが、部下のモチベーションはアップする。

関連ページ→P46〜51

Q2
届きそうな目標を掲げる

高すぎる目標では、がんばる気力すら起こらない。まして会社側や上司から一方的に提示されたものでは、やる気は半減してしまう。届きそうな目標を、本人に設定させることが大事。

関連ページ→P56〜59

Q3
ブース型オフィス

大部屋オフィスでは、互いの存在が気になり、気が散り、仕事の効率が落ちやすい。ブース型のオフィスはプライベート空間を確保でき、頭脳労働に向く。生産性もアップする。

関連ページ→P64〜67

Q4
ローテーション制の席

同じ顔ぶれで人間関係が固定化すると、閉鎖的で内向き志向になりがち。風通しが悪くなるとやる気が削がれる。ローテーション制で席順に変化があると人間関係が固定化されない。

関連ページ→P71

Q5
自由にできて自己責任

無責任よりも自己責任とするほうが、やる気が出る。自由なやり方を許し、本人なりの工夫をさせる。自律性を持って行動させることで、モチベーションはさらに上昇する。

関連ページ→P76〜77

Q6
違う能力を持つ集団

似たような能力を持つ人たちの集団では、出る杭は打たれやすいため、やる気が発揮されにくい。個々の能力が異なるほうが、モチベーションが高まり、力を存分に発揮できる。

関連ページ→P78〜79、88〜89

Q7
複数のポスト

一つのポストを目指し、複数が競争する組織では、自分の出世のことにばかりやる気を奪われる。昇進の形を多様化し、無駄な競争をやめさせたほうが、やる気を浪費せず、仕事に集中できる。

関連ページ→P84〜85

Q8
顧客からのほめ言葉

多くの場合、直属の上司からほめられるより、関係性の薄い他の部署や、社外の人間、顧客などからほめられるほうがやる気が高まる（専門性の高い職種には例外もある・P100参照）。

関連ページ→P92

やる気MAX!

PART 3

やる気を最大限に引き出す モチベーションマネジメント

PART 4

タイプ別 困った部下のやる気スイッチを入れる

PART 5 やる気が出ない、続かないとき、今すぐやるべきこと

PART
1

「やる気」は生産性を効率よく上げるための原動力

パーソナリティを認めることで、モチベーションと生産性が上昇する

“工夫する自由”を与える »

厳しく監視・管理し、工夫の余地を与えない
やり方を監視・管理し、決定権を与えないと、やる気は湧かなくなる。
生産性ダウン
やる気ダウン
ぬ～～ん やる気が出ない・・・
本人の仕事だと思えない
決定権がないと、責任も問えない。本人も自分の仕事だとは思えなくなる。

仕事の工夫を認めず、責任も課さない状況では、モチベーションは低下する。自分のこととしてとり組めなくなり、生産性も低下する。

日本人の仕事は、単純作業から知的作業にシフトしています。多くの人が悩む「モチベーションの低下」は、組織がこの変化に対応できていない表れです。

知的な仕事は脳の中で行われます。その人が仕事をしているかどうか、外見ではわかりません。机に座っているときよりもジョギング中のほうが、いいアイデアが浮かぶ人もいます。ところが、仕事の仕方が一律管理されていると、社員は上司の目を意識し、机に向かい「仕事モ

モチベーションと生産性を上げるには

やる気アップ
生産性アップ
仕事に工夫ができ、先が見通せる
工夫しながら仕事ができる。さらに将来を見通すことができる。
仕事の分担や評価基準が明確
どこまで責任があり、どのように評価されるのかが明確である。
ひらめいた!
パチン
プライベートが確保できる
時間調整を行うことができ、プライベートな時間も確保できるようにする。

仕事の分担や評価基準が明確で、工夫しながら仕事にとり組めるようにする。また裁量権を与えると、モチベーション、生産性が上がる。

ード」を続けなければなりません。その結果、やる気が浪費されてしまうのです。

管理は最低限。基本の枠組みを整えたら、本人の工夫に任せる

モチベーションを上げるには、各々のパーソナリティを尊重し、時間や働き方など細かな制約をとり払うことです。

恋愛や介護など私生活で仕事のペースが揺らぐこともあるでしょう。そういう事情も尊重し、本人に工夫する余地を与えます。すると、自然とやる気は高まります。生産性が上がり、成果が出ます。

「やる気が起こるしくみ」を知り、それを利用するための手がかりを、探っていきましょう。

やる気とはなにか

誰もが自分の内側にやる気の泉を持っている

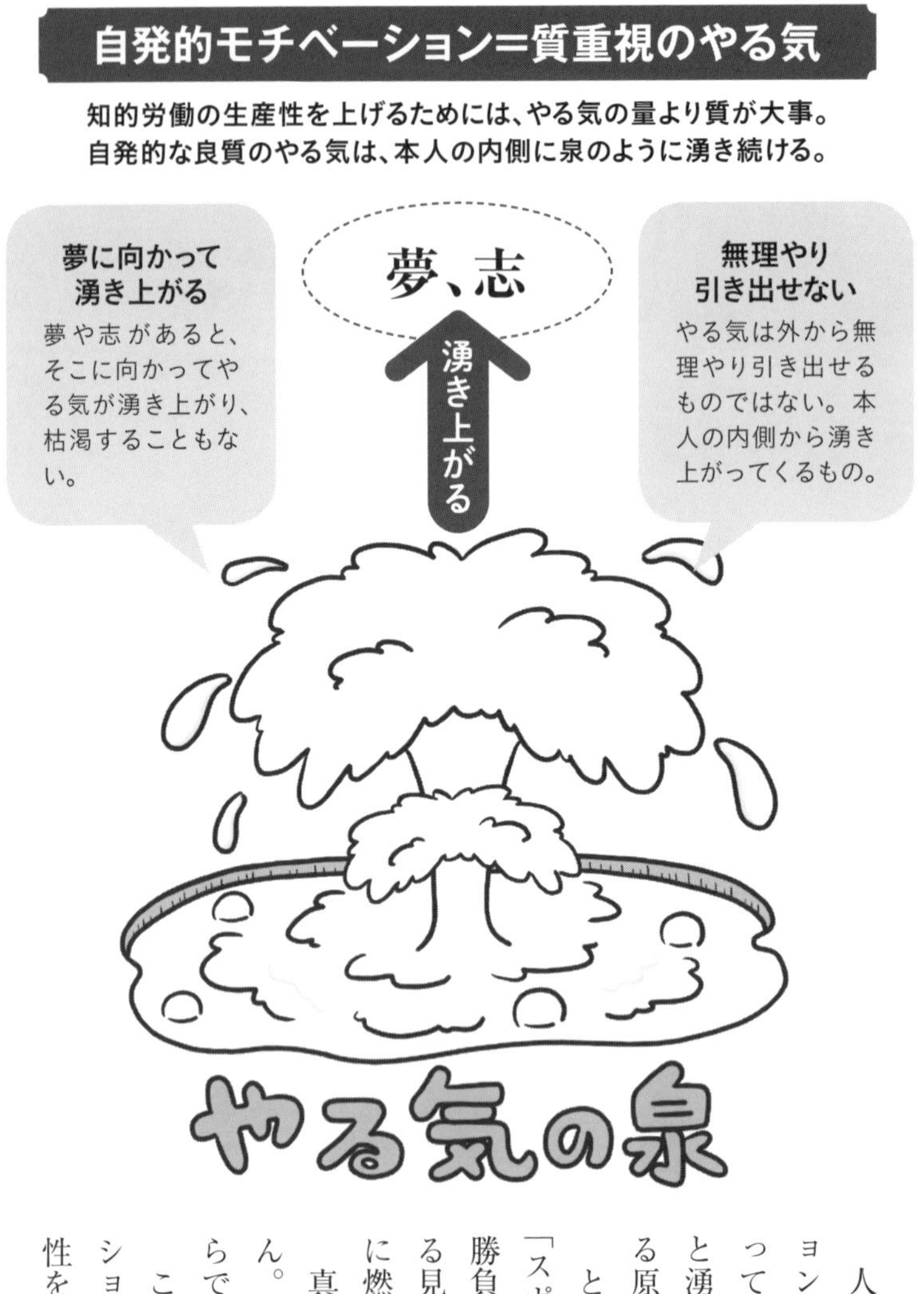

自発的モチベーション＝質重視のやる気
知的労働の生産性を上げるためには、やる気の量より質が大事。
自発的な良質のやる気は、本人の内側に泉のように湧き続ける。
夢に向かって湧き上がる
夢や志があると、そこに向かってやる気が湧き上がり、枯渇することもない。
夢、志
湧き上がる
無理やり引き出せない
やる気は外から無理やり引き出せるものではない。本人の内側から湧き上がってくるもの。
やる気の泉

人は誰でも、心にモチベーションの源泉、「やる気の泉」を持っています。泉からはふつふつと湧き出すやる気が夢をかなえる原動力となります。

ところが、気をつけたいのが、「スポ根型」のやる気です。体力勝負で、がんばる「量」を重視する見せかけのやる気だと、すぐに燃え尽きてしまいます。

真実のやる気なら枯渇しません。量より「質」が重視されるからです。

このやる気は自発的モチベーションです。知的な仕事の生産性を高め続けてくれます。

スポ根型と真実のやる気はココが違う

**やる気には量を重視するスポ根型のやる気と、
質を重視する真実のやる気の２種類がある。**

特徴1

質より量で勝負

がんばりの量が問われる。過剰なやる気を出し、長い時間、たくさん量をこなすことが重要視される。

特徴2

長続きしない

長時間にわたり、たくさんの量の仕事をしていると、体力的にも限界があるので、長く続かない。

特徴3

他人の目、比較が必要

時間の長さ、量の多さを求めるため、他人より長いか多いか、他人の目にどう映るかを気にする。

特徴4

すぐ燃え尽きる

がんばりすぎた結果、やる気が枯渇して、燃え尽きてしまう。今度はなにもやる気が起きなくなる。

特徴1

量より質が大事

適量のやる気を出しながら、それを長く維持し続けることができる。

特徴2

内側から湧き出す

本人の内側から自然と「やるぞ」「がんばるぞ」という気持ちが湧き上がってくる。

特徴3

その先に向かおうとする

目の前の仕事をやって終わりではなく、高い目標を達成するために努力しようとする。

特徴4

夢・志が原動力

夢や志といった高い目標が、やってみたい、達成してみたいという気持ちを引き起こす。

やる気と欲求① 基本的欲求

欲求の延長線上にやる気が生まれる

人間の根源的な5つの欲求

人間の根源的な欲求を示した「マズローの欲求5段階説」。
なかでも承認欲求は、モチベーションと強く結びついている。

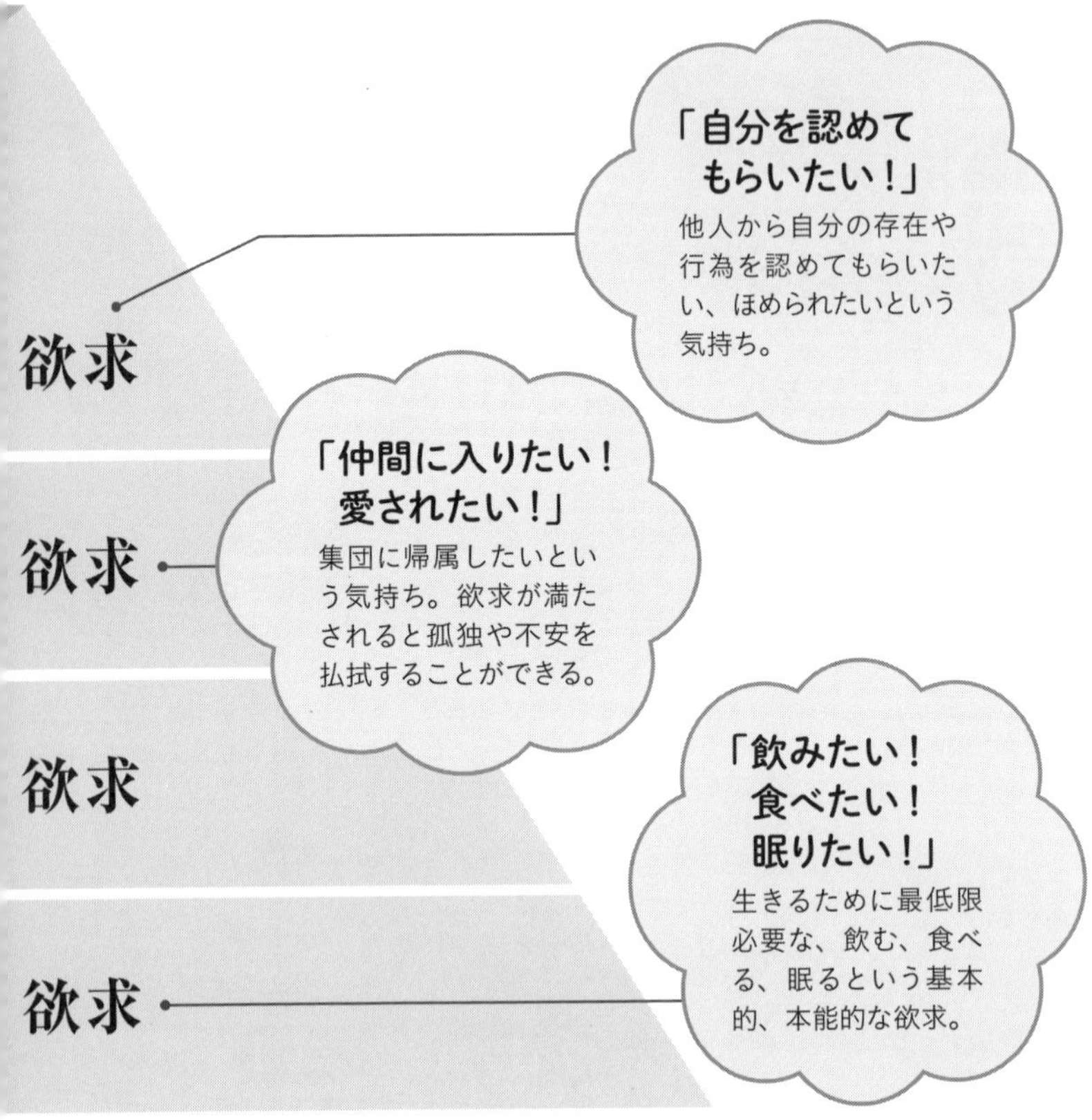

「自分を認めてもらいたい！」
他人から自分の存在や行為を認めてもらいたい、ほめられたいという気持ち。
欲求
「仲間に入りたい！愛されたい！」
集団に帰属したいという気持ち。欲求が満たされると孤独や不安を払拭することができる。
欲求
欲求
「飲みたい！食べたい！眠りたい！」
生きるために最低限必要な、飲む、食べる、眠るという基本的、本能的な欲求。
欲求

やる気は、人の欲求と密接な関係にあります。そこで、やる気のしくみを考えるために、まず、人の欲求について整理しておきましょう。

上の図は、人間性心理学の生みの親とされる心理学者マズローの理論を表したものです。

彼の説では、人の欲求は大きく5段階に分かれます。もっとも次元の低いのが「生理的欲求」その上に「安全・安定の欲求」があり、一般的に下位の欲求が満たされると上位の欲求が呼び起こされます。

いちばん高次な欲求は「自己

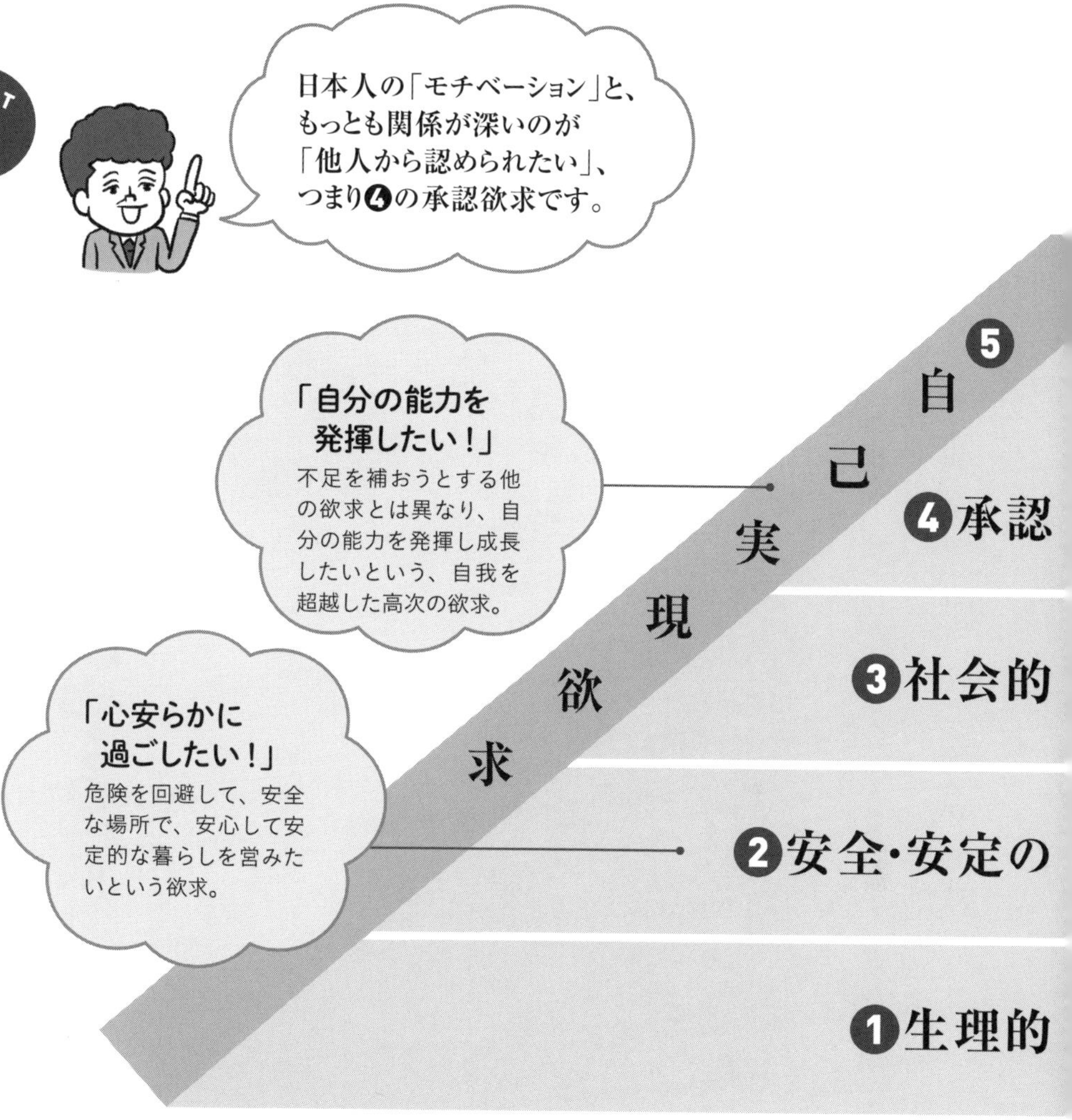
日本人の「モチベーション」と、
もっとも関係が深いのが
「他人から認められたい」、
つまり❹の承認欲求です。
❺自己実現欲求
❹承認
❸社会的
❷安全・安定の
❶生理的
「自分の能力を
発揮したい！」
不足を補おうとする他
の欲求とは異なり、自
分の能力を発揮し成長
したいという、自我を
超越した高次の欲求。
「心安らかに
過ごしたい！」
危険を回避して、安全
な場所で、安心して安
定的な暮らしを営みた
いという欲求。

実現欲求」ですが、これは自我を超越した「メタ欲求」と位置づけられます。

今、多くの日本人に重要なのは、「人から認めてもらいたい」という「承認欲求」ではないかと思われます。

やる気のツボ

自己実現は、終わりのない旅。それ自体を目的にするのはタブー

マズローが最高次に位置づけた「自己実現欲求」ですが、とらえ方には注意が必要です。そもそも自己とは、つねに進化する存在であり、実現というゴールはないからです。自己実現を目的にすると、迷路にはまり込んでしまう危険もあります。

自己実現欲求は動機づけの一つと考え、自らの価値観を追求していきましょう。

やる気と欲求②　承認欲求

認められる体験がやる気のガソリンになる

承認には表と裏がある

日本人の承認方法には、個性を発揮することを評価する表（加点主義）と個性を抑えることを評価する裏（減点主義）の承認とがある。

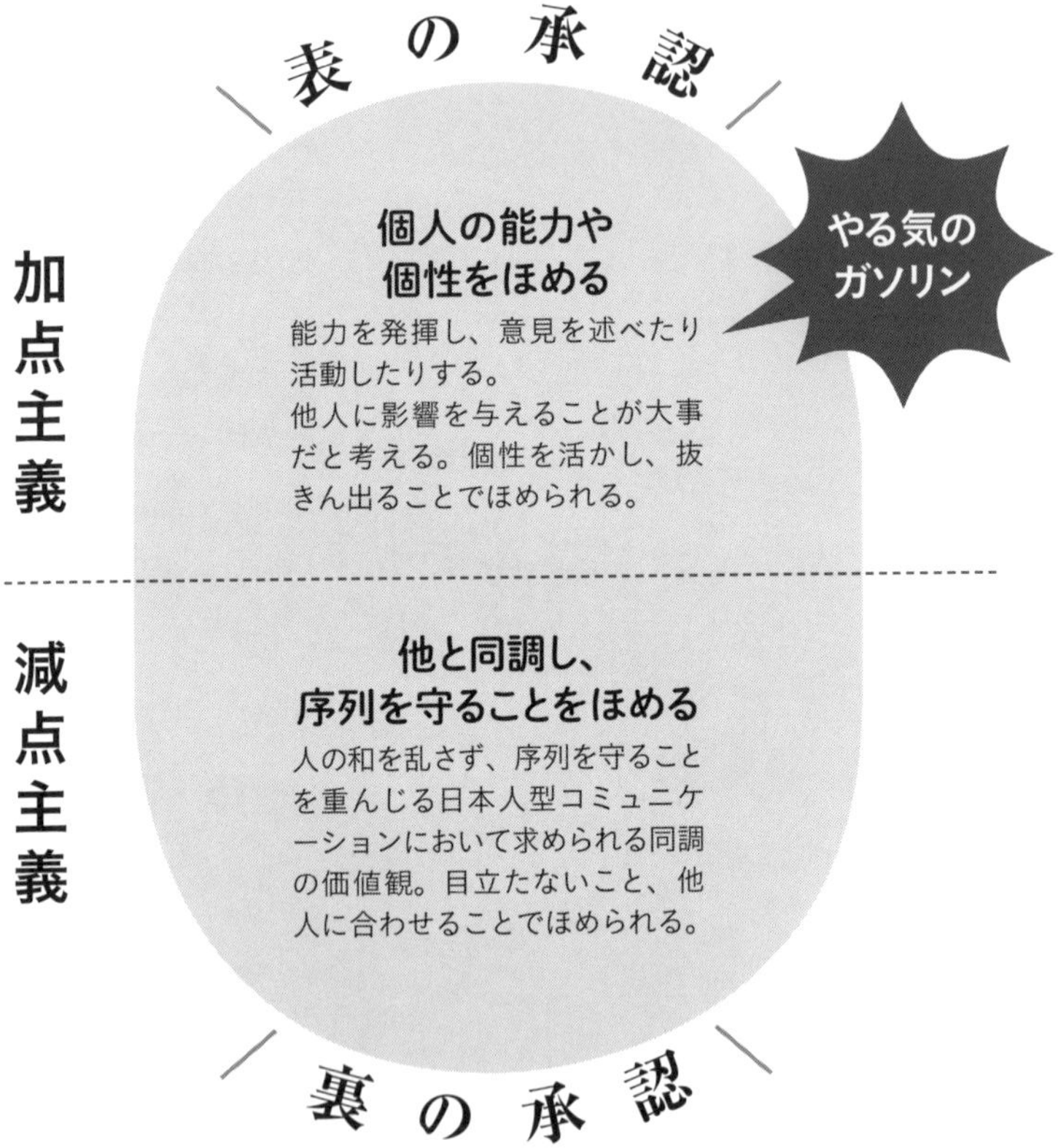
表の承認
やる気のガソリン
加点主義
個人の能力や個性をほめる
能力を発揮し、意見を述べたり活動したりする。他人に影響を与えることが大事だと考える。個性を活かし、抜きん出ることでほめられる。
減点主義
他と同調し、序列を守ることをほめる
人の和を乱さず、序列を守ることを重んじる日本人型コミュニケーションにおいて求められる同調の価値観。目立たないこと、他人に合わせることでほめられる。
裏の承認

「認められたい」という承認欲求には、能力や個性を認める「表」の承認と、協調性や序列を守ることに対する「裏」の承認があります。

　モチベーションを上げるのは「表」の承認です。

　能力が認められると、人は「自己効力感」、つまり自分が環境を効果的に支配できるという大きな自信を得、自発的モチベーションを生み出します。

　同時に給与や地位の上昇への期待など外的要素も加わると、さらにモチベーションが高まっていきます。

表の承認がモチベーションをアップさせる

モチベーションを上げるために必要なのは、表の承認である。
本人の個性を認めてこそ、やる気を引き出せる。

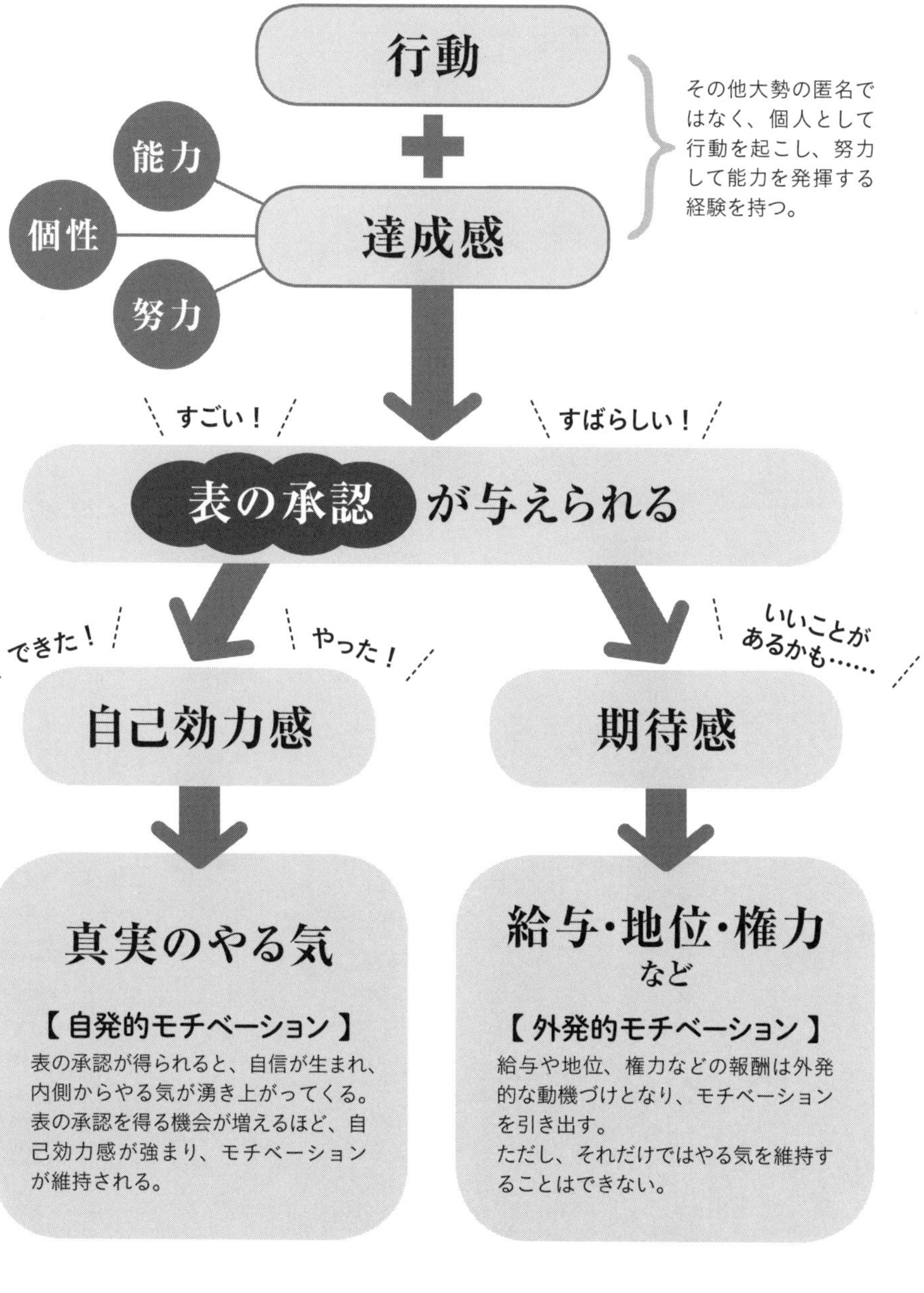
行動
＋
達成感
能力
個性
努力
その他大勢の匿名ではなく、個人として行動を起こし、努力して能力を発揮する経験を持つ。
すごい！
すばらしい！
表の承認が与えられる
できた！
やった！
いいことがあるかも……
自己効力感
期待感
真実のやる気
【自発的モチベーション】
表の承認が得られると、自信が生まれ、内側からやる気が湧き上がってくる。
表の承認を得る機会が増えるほど、自己効力感が強まり、モチベーションが維持される。
給与・地位・権力など
【外発的モチベーション】
給与や地位、権力などの報酬は外発的な動機づけとなり、モチベーションを引き出す。
ただし、それだけではやる気を維持することはできない。

やる気のしくみ

夢、勇気、環境さえあればやる気は自然に湧く

やる気が湧き上がるための必須事項

モチベーション上昇のためにはいくつかの必須事項がある。それらが整うと、特別なことをしなくても自然とやる気が湧き上がる。

3 行動する勇気

なにもしなければなにも起こらない。とにかく行動に移すことが大事だと教える。一歩踏み出す勇気が必要である。

やる気MAX!
夢、志を達成するためのさまざまな困難もやる気があれば乗り越えられる。

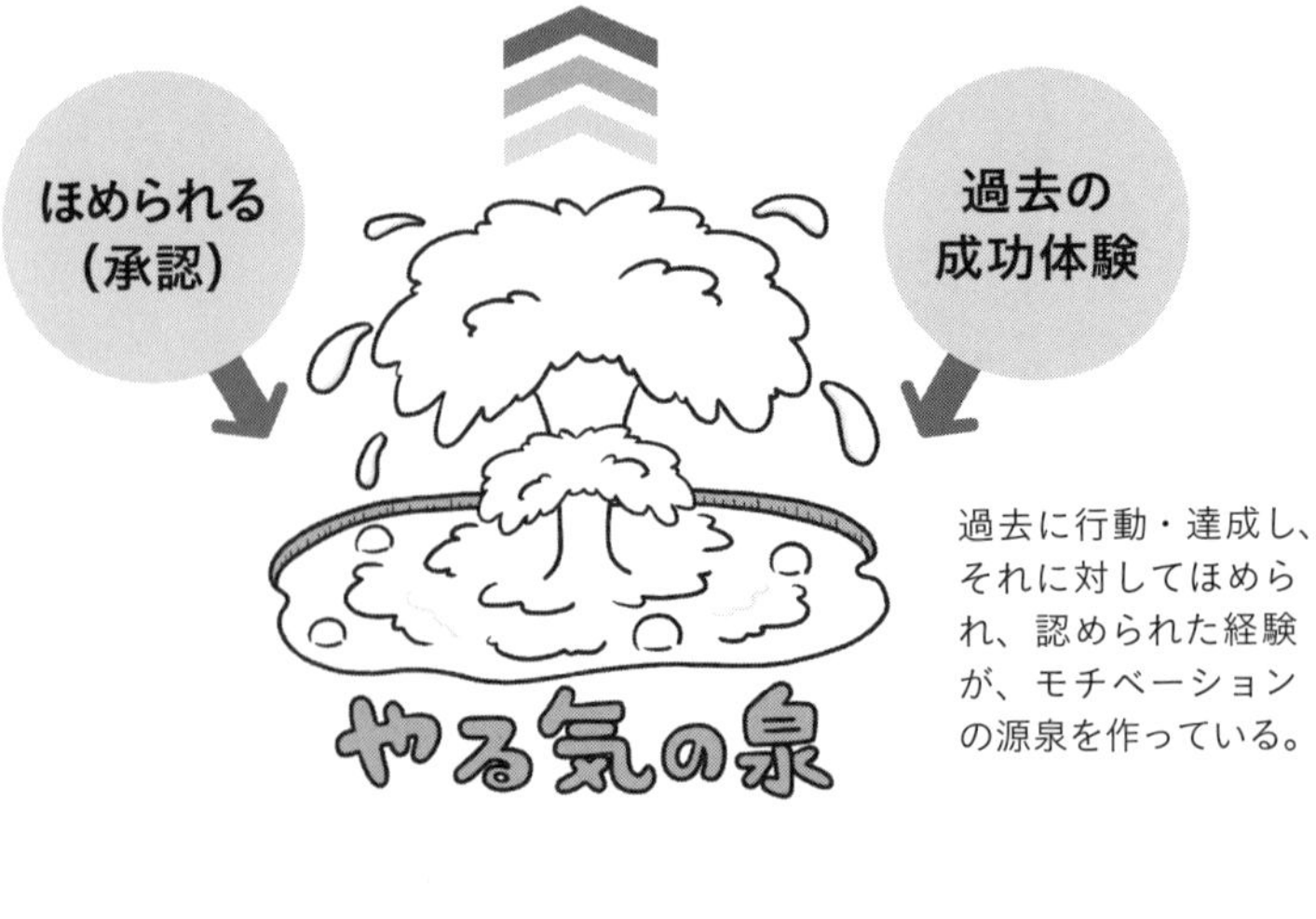

ほめられる（承認）
過去の成功体験
やる気の泉
過去に行動・達成し、それに対してほめられ、認められた経験が、モチベーションの源泉を作っている。

1 夢、志

将来どんな人間になりたいか。どんな生き方をしたいか。実現したいことはなにか。夢を見つけ、志を抱くことの重要性を教える。夢・野心は大きいほどやる気を引き出す力となる。

2 キャリア形成

半年、1年ではなく、将来にわたりどういうキャリアを形成していきたいか。またそのためにはどうすればいいのか。具体的にプランを立てる支援をする。

パーソナリティを尊重する環境

4 仕事内容と時間の分化

仕事の分担を明確にする。責任を持って行う仕事の範囲や内容、またその仕事に関する時間配分などを個人が調整できるようにする。

5 職場環境の分化

生産性を上げるためには、大人数が一堂に会する大部屋型ではなく、作業スペースを個別にし、頭脳労働に集中できるスペースを用意する。

やる気には、やる気が湧くためのしくみがあります。やる気は、もともと誰もが心の中に持っているのです。環境さえ整えば、自ずと内側から湧き上がってきます。

基本条件は三つ。①夢、志②キャリア形成③行動する勇気。この三つが整えば、準備は万端です。

次に大事なのは、本人のパーソナリティを尊重する環境です。仕事の内容や勤務時間を分化し、一人ひとりが集中して頭脳労働にとり組める職場環境が重要となります。

環境が整っていれば、夢や志を実現させたいと思うようになります。そこを目指してやる気が湧き上がってきます。

やる気の必須事項① 夢、志

夢や志を持つことが、やる気の出発点になる

やる気に必要なのは、まず夢や志です。

給与や地位、権力などの報酬を目標にすると、得られた瞬間に満足し、さらなるやる気を引き出せません。

やる気の泉を豊かに湧き続けさせるためには、高次の目標、夢や志が必要です。

夢や志の実現を追い求めるプロセスでは、報酬や承認などの「ごほうび」も、重要な役目を果たします。

「ごほうび」によってやる気はさらに刺激され、無限に湧き続けるようになるのです。

報酬よりもまず夢を持つことが大事

報酬のためだけに行動すると、報酬が得られた途端、やる気が起こらなくなる。
モチベーション維持のためには、まず夢や志、次に報酬が必要になる。

Start
給与
地位
権力
報酬への期待
給与、地位、権力などが得られると期待する。
10000
CASE
報酬を期待して行動を起こす
それ以上湧き上がらない
やる気の泉
行動
報酬を得たいがために、行動を起こす。
?
報酬につられて仕事をしても、やる気は続かない。報酬がなければ行動も起こらない。
給与
地位
権力
Goal
報酬を獲得
10000
報酬を獲得すると、次の行動への動機を失う。

CASE

夢や志から行動を起こす

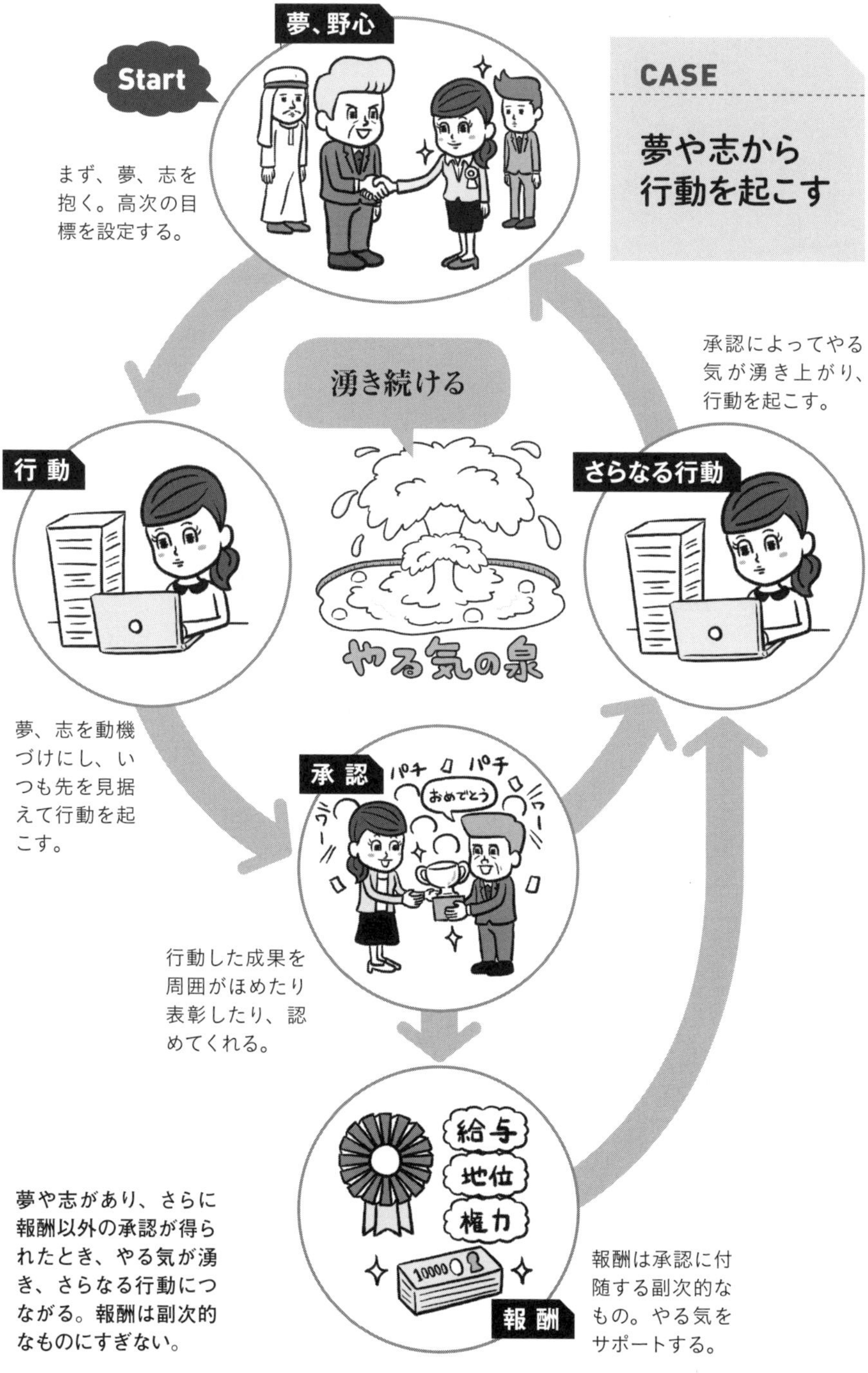
Start
夢、野心
まず、夢、志を抱く。高次の目標を設定する。
湧き続ける
やる気の泉
行動
夢、志を動機づけにし、いつも先を見据えて行動を起こす。
承認
パチ
パチ
おめでとう
ワー
ワー
行動した成果を周囲がほめたり表彰したり、認めてくれる。
報酬
給与
地位
権力
10000
報酬は承認に付随する副次的なもの。やる気をサポートする。
さらなる行動
承認によってやる気が湧き上がり、行動を起こす。
夢や志があり、さらに報酬以外の承認が得られたとき、やる気が湧き、さらなる行動につながる。報酬は副次的なものにすぎない。

やる気の必須事項② キャリア形成

キャリア形成が描ければ「今」懸命になれる

漠然とした夢や志があったとしても、将来のキャリアの道筋、つまりキャリアパスが見通せなければ、やる気は生まれません。

日本企業では、優秀な人材をとりあえず確保し、使い方はあとで考える「ストック型」雇用が多いのです。

若者は自分のキャリアを自分自身の手で描きにくいのが実情です。

やる気を引き出すにはなにより、夢がかなったときの具体的なイメージと、たどりつくまでの道筋をしっかりと描かせることが大事です。

「ストック型」雇用ではやる気が出ない

まず人材を確保し、後日必要な部署に配属するストック型の人事では、キャリアパスを描けず、モチベーションは低下してしまう。

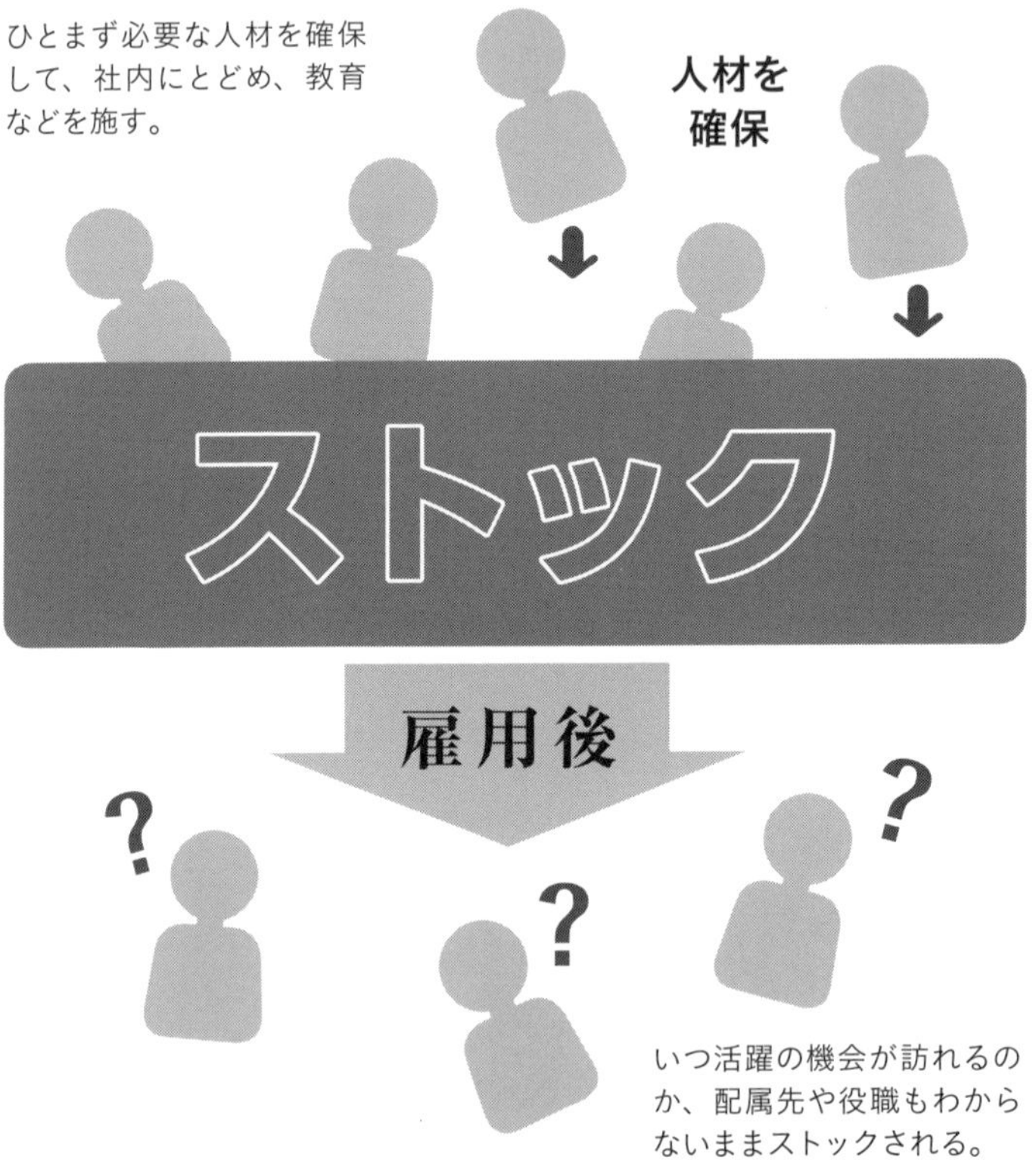
ひとまず必要な人材を確保して、社内にとどめ、教育などを施す。
人材を確保
ストック
雇用後
いつ活躍の機会が訪れるのか、配属先や役職もわからないままストックされる。

将来をイメージさせられれば腰かけ仕事ではなくなる

**将来の姿をイメージさせることができると、現在の困難を乗り越えられる。
今の会社を離れても通用するキャリアを形成していけると思わせることが大事。**

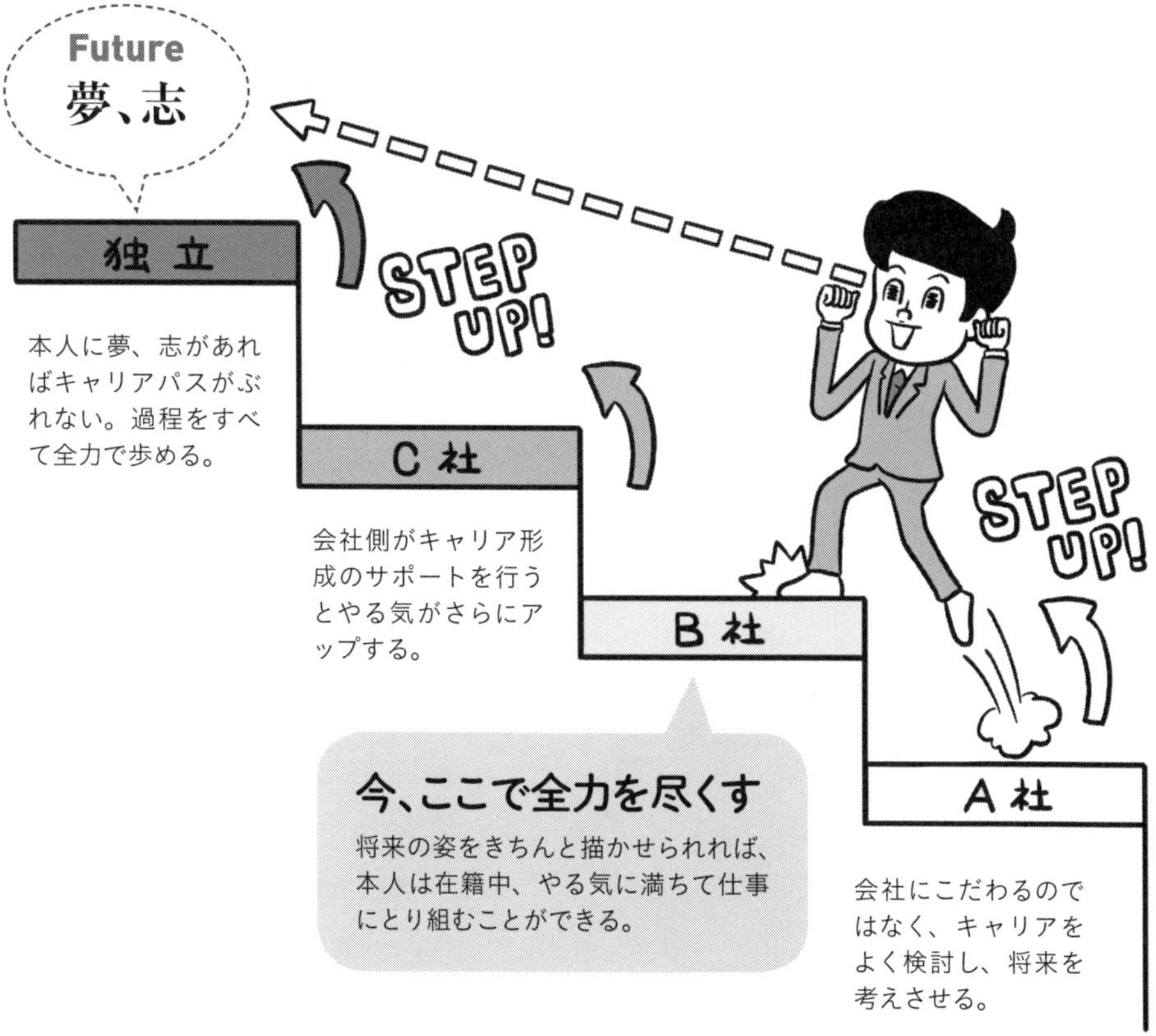
Future
夢、志
独立
STEP UP!
本人に夢、志があればキャリアパスがぶれない。過程をすべて全力で歩める。
C 社
会社側がキャリア形成のサポートを行うとやる気がさらにアップする。
B 社
STEP UP!
今、ここで全力を尽くす
将来の姿をきちんと描かせられれば、本人は在籍中、やる気に満ちて仕事にとり組むことができる。
A 社
会社にこだわるのではなく、キャリアをよく検討し、将来を考えさせる。

もしかしたらその夢は、転職や独立を前提としたものかもしれません。

それでも、夢がかなったときの姿を明確に描かせることができれば、今の仕事は「腰かけ」ではなくなります。大事なステップの一つとなり、「今」の仕事へのやる気を引き出すことができるはずです。

キャリアプランが
立てられないと感じた瞬間に
モチベーションは低下します。

やる気の必須事項③ 行動する勇気

先に行動したほうがやる気は湧きやすい

行動がやる気の後押しをする

「やる気が湧かない」と嘆いていても現状は変わらない。
ハードルの低いことでいい。できることからやらせてみる。

NG
行動せずにやる気を起こそうとしても……

行動しないと、変化がなにも起こらない。

OK
まず行動し、やる気を呼び起こす

まずなにか手足を動かし行動してみる。

やる気を起こす条件の三つ目は、行動する勇気です。こんなことを言うと「では、その勇気を生むにはどうすれば？」といった声も聞こえてきそうですね。

確かに、もともとやる気があれば、人は行動を起こします。けれども、まったくやる気がない人でも、行動につなげることは可能です。

それにはまず、なんでもいいから、できそうなことを見つけて、やらせてみるのです。

人とは不思議なもので、気が向かないことでも、試しにちょっとやってみると、それが原動

力となって歯車が回り始めることがあります。新しいことができた成功体験や達成感が自信を生み、さらなる目標へとやる気が湧き出すようになるのです。

まずはハードルの低いことから、やらせてみましょう。

やる気のツボ

心の中の葛藤を解消。認知的不協和理論とは

心理学の認知的不協和の理論によれば「人の心は葛藤を生じると、それを解消しようと働く」といいます。携帯を嫌っていた人が、なにかのきっかけで持った途端に夢中になってしまう、というように、人は行動に合わせて自分を変える傾向があるのです。気が向かなくても試してみると、意外にやる気が湧くことがあるのもそのためなのです。

やる気の必須事項④ 仕事内容と時間の分化

仕事の時間と内容を明確に区切る

仕事を分化するとやる気がアップ

個人の役割、仕事を明確に分化し、各自が把握できないと、
仕事の進め方をコントロールできず、やる気が低下する。

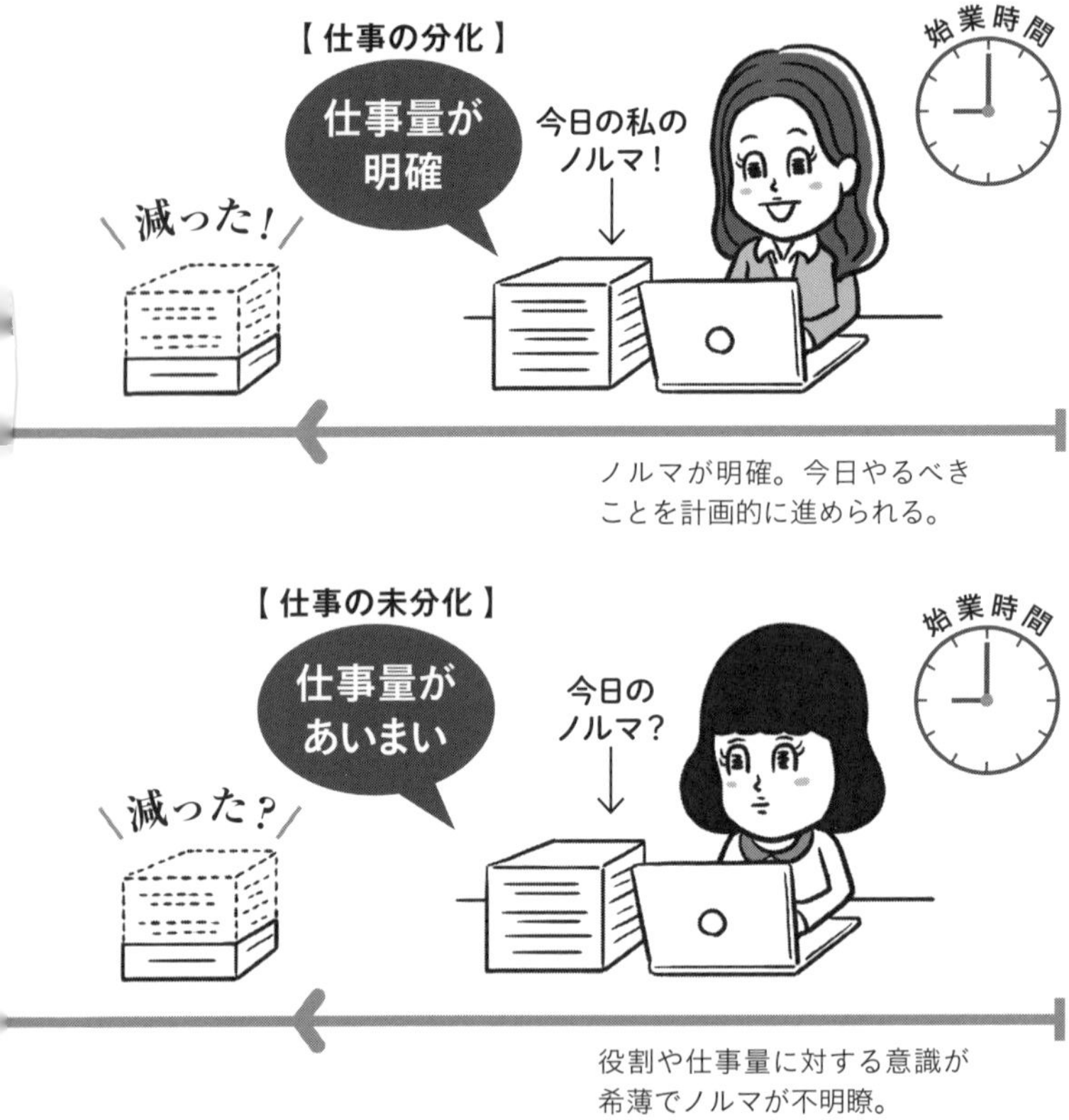
【仕事の分化】
仕事量が明確
今日の私のノルマ！
始業時間
減った！
ノルマが明確。今日やるべきことを計画的に進められる。
【仕事の未分化】
仕事量があいまい
今日のノルマ？
始業時間
減った？
役割や仕事量に対する意識が希薄でノルマが不明瞭。

やる気を生み出すには、個人を尊重する職場環境も欠かせません。

まず重要なのが「仕事の量と内容、時間の明確化」です。日本では、各々の仕事内容がはっきり分かれていないことが多く、一日の仕事量もあいまい。このため、退社時間になっても帰りづらかったり、「暇ならこれやって」と、他人の仕事を押しつけられたりしがちです。

これでは、いつになったら仕事が終わるのかもわからず、やる気は失われてしまいます。

労働時間は日本の四分の三、

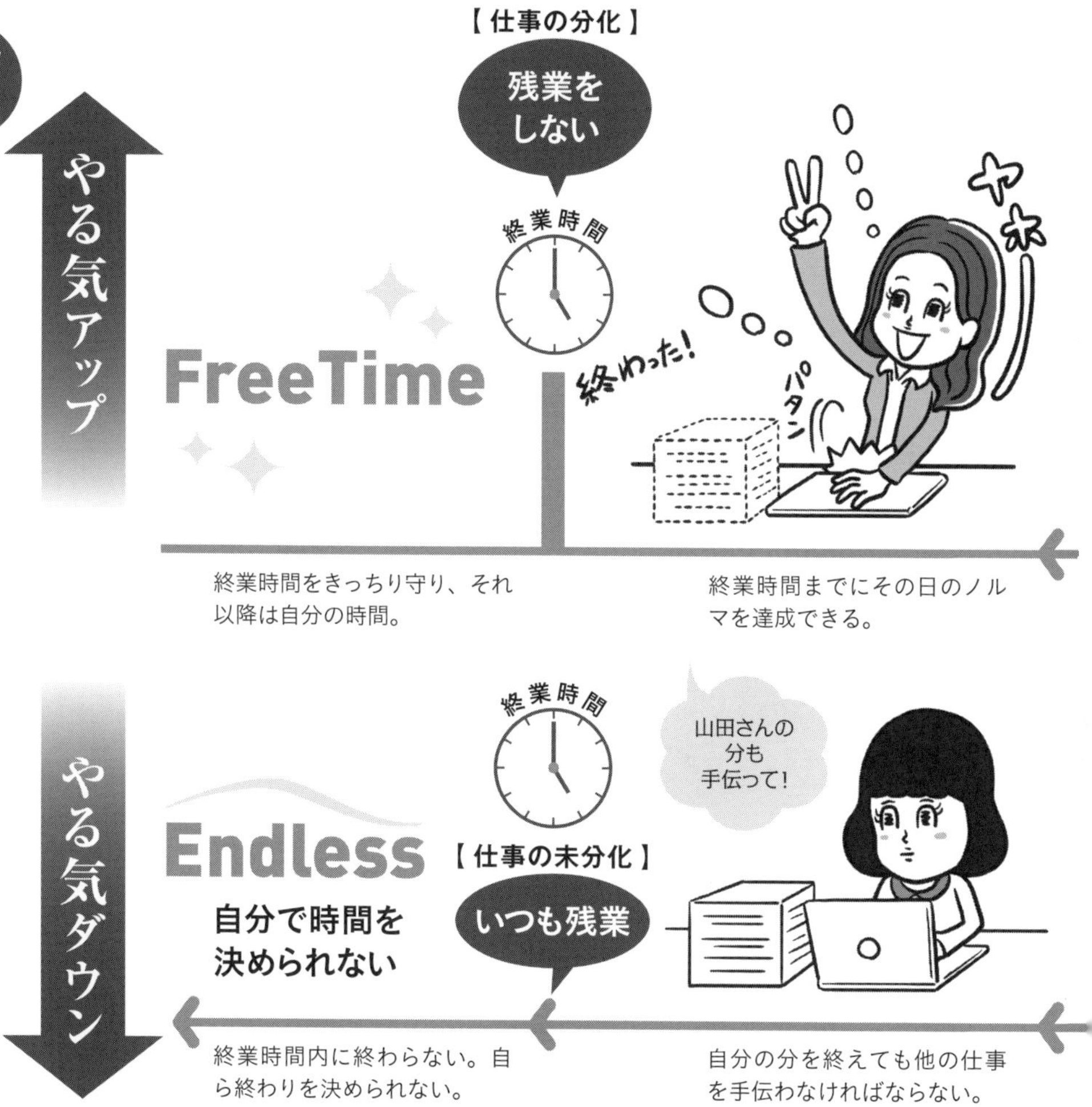
【仕事の分化】
残業をしない
終業時間
やる気アップ
FreeTime
終わった!
ヤッホー
パタン
終業時間をきっちり守り、それ以降は自分の時間。
終業時間までにその日のノルマを達成できる。
終業時間
山田さんの分も手伝って!
やる気ダウン
Endless
自分で時間を決められない
【仕事の未分化】
いつも残業
終業時間内に終わらない。自ら終わりを決められない。
自分の分を終えても他の仕事を手伝わなければならない。

生産性は1.5倍というドイツでは、明確に仕事の責任と分担が決められています。社長の頼みでも、自分の仕事以外は引き受けないという徹底ぶりだとか。

　一人ひとりの仕事や時間を明確に分化できれば、やる気も生産性もグンと上がるはずです。

仕事以外の時間が確保できるからこそ、職場で仕事に集中できるのです。

やる気の必須事項⑤ 職場環境の分化

他人の目が気にならない環境を用意する

衆人環視型と個人尊重型の職場の違い

**衆人環視型の大部屋オフィスでは、やる気の浪費が起きやすい。
個人尊重型のプライバシーが守られた空間のほうが生産性は上がる。**

衆人環視型
周囲が気になり集中力が低下。やる気があるように見えても、生産性は下がる。
あまり頭は働いていない
集中力が低下し、頭が働いていない時間が多い。
ハーイ
ハイもしもし…
終わらない…
忙しいふりをしてしまう
雑用でも忙しく見えるため、忙しいふりをしてしまう。
本来の仕事が終わらない
周囲が気になってしまい、本来の業務が終わらない。
やる気の浪費

仕事だけでなく空間の分化も重要です。

日本では、大部屋で仕切りのない机が一般的ですが、このような「衆人環視型」は、知的作業には向きません。

つねに監視されているようで落ち着かず、他の人から用事も頼まれやすいため、つい忙しく事務作業などで働くふりをしがちだからです。これでは創造的な仕事はできず、やる気も浪費されます。

やる気を活かすには、プライバシーが守られた「個人尊重型」オフィスが必須です。

個人尊重型

つねに考えている
他の人に邪魔されず、落ち着いて考えごとができる。

仕切りがあり、周囲が気にならない、個人が尊重される空間では、より仕事ができ、生産性はアップする。

う〜〜ん
本来の仕事が終わる
周囲に煩わされないため、仕事が終わっていく。
終わっていく
仕切りがあることで集中できる
無駄な情報が遮断されるため、目の前の仕事に集中しやすい。

やる気の適切な消費

【個人尊重型のメリット】

- じっくりアイデアを練ることができる。
- 集中力を保つことができる。
- 情報収集、学習、沈思黙考することができる。

↓

クリエイティブな仕事向き

【衆人環視型のメリット】

- 上司が部下の仕事ぶりを監視できる。
- 周囲とコミュニケーションをとりやすい。
- 事務作業を効率よく進めることができる。
- 同じものを大量に作ることができる。
- 上司から気軽に仕事を教えてもらえる。

↓

単純事務作業の仕事向き

やる気の最適値

やる気は無駄づかいするとかれてしまう

スポ根型やる気人間はやる気がかれやすい

やる気の量が問われるスポ根型のやる気の持ち主に、
以下のような条件が当てはまるとやる気が枯渇し燃え尽きやすい。

スポ根型
やる気人間

×

- □ 大きな夢や志はとくにない。
- □ 今の職場でキャリア形成をイメージできない。
- □ 転職は難しいと考えている。
- □ 自分の名前を出して仕事することはあまりない。
- □ 同じ環境、固定されたメンバーで仕事している。
- □ 他人の仕事もよく手伝わされる。
- □ 残業が多い。
- □ オフィスの環境は衆人環視型である。
- □ 給与や賞与、昇進の基準があいまい。
- □ 仕事の成果を実感できるものがない。

↓

5個以上当てはまったら……

燃え尽き！　やる気が枯渇しやすい

先に触れたように、やる気には「量のやる気」と「質のやる気」の2種類があります。量のやる気はスポ根型。つらいのを我慢してひたすらがんばる力の源にはなります。が、浪費しすぎると燃え尽きてしまいます。

質のやる気は楽しく、工夫するためのもの。遊び心で独創性を生み出します。やればやるほど将来も見通せるようになり、心に湧き出し続ける真実のやる気です。くれぐれも、間違ったやる気の出し方でやる気を浪費させ、泉を枯渇させないよう、気をつけたいものです。

スポ根型やる気は炎、真実のやる気は泉

**スポ根型のやる気は、炎のように自ら燃え尽きる。
一方、真実のやる気は、泉のようにこんこんと内側から湧いてくる。**

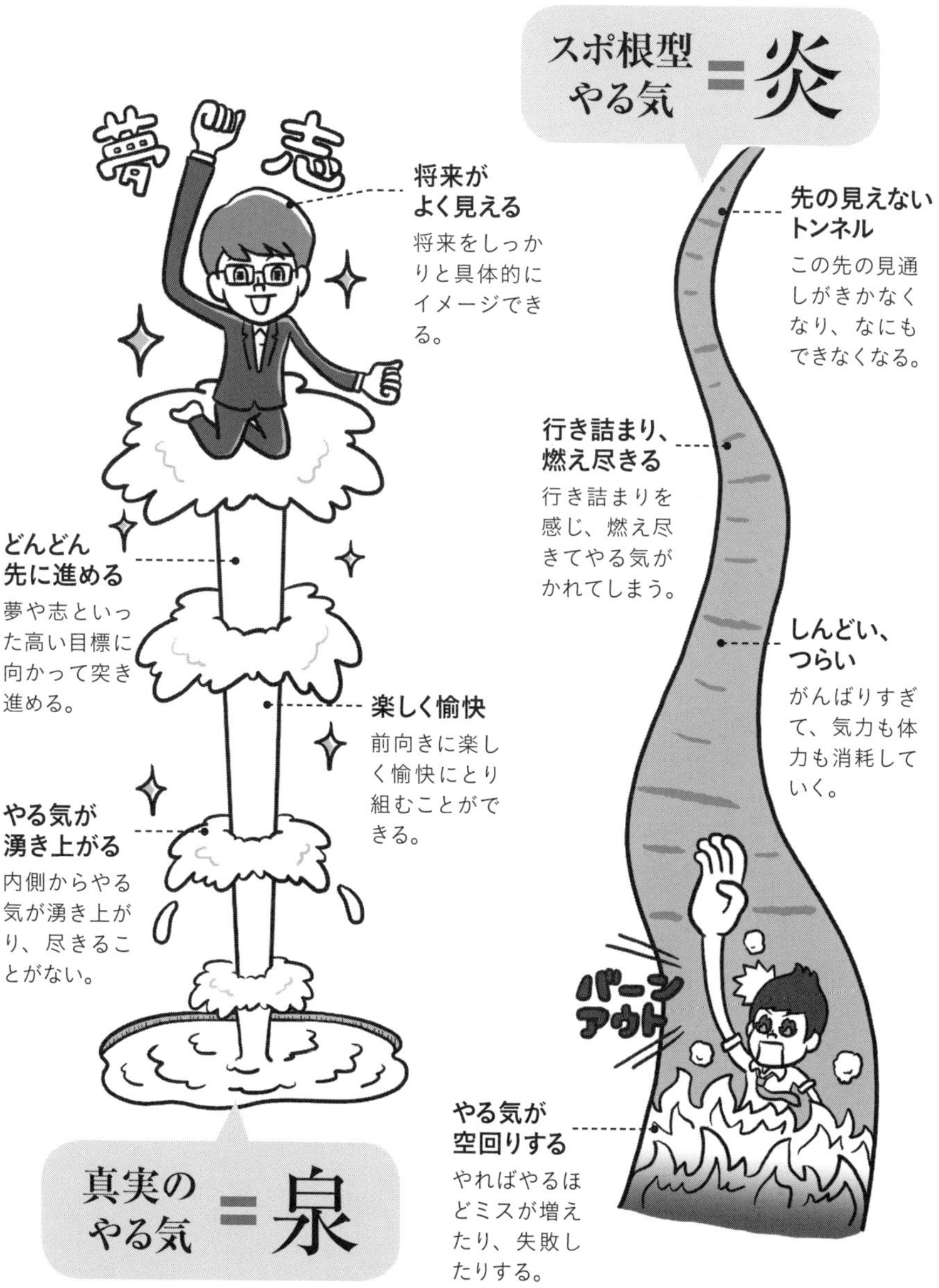

Column

生産性が上がらない旧来の働き方は限界

労働生産性は投入資源に対して得られた成果で割り出す

労働における生産性は、正式には「労働生産性」といいます。

労働者一人あたりが生み出す成果、あるいは労働者が１時間あたりで生み出す成果を数値化したものです。

労働生産性 ＝ アウトプット（どれだけ稼いだか、どれだけ生み出したか） ／ インプット（どれだけ労働者を投入したか、どれだけの時間働いたか）

国際社会の中で見ると、OECD（経済協力開発機構）加盟国35か国中、日本の労働生産性（就業１時間あたりの名目付加価値）は42.1ドルで、2015年では20位と低く、Ｇ７（先進７か国）中では最下位です。

ちなみに、ヨーロッパきっての経済大国ドイツは、残業がほとんどありません。一人あたりの年間の労働時間の平均は1371時間（2014年）です。日本（年間1729時間）より350時間強短い時間で働いていますが、労働生産性は1.5倍以上あります。

これまでの働き方はもう限界が来ている

とくにホワイトカラーの労働生産性は、時間とは比例せず、長時間かけたから結果が出せるというものではありません。

日本では、長時間労働による過労死やうつ病などが社会問題となっています。旧来の雇用慣行を見直し、法改正まで行おうという働き方改革が国を挙げて推進されています。

その一環として労働時間を短縮し、労働生産性を上げることが求められています。

最短の近道はモチベーション管理。モチベーションを上げるためにどうしたらよいのかを考えていくと、結果的に短い時間で生産性を上げるためのしくみにたどりつくのです。

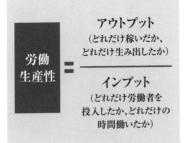

PART
2

「やる気の足かせ」を外すと、やる気は自然に湧き上がる

まず仕事習慣、職場環境にはびこる
やる気の芽を摘む要素をとり除く

分けるだけでやる気は湧く》

これまでの会社は、個人が組織に埋没しがちだった。助け合いや連帯が美徳とされてきたが、モチベーションは上がらず、生産性も低いまま。

未分化が
やる気の足かせ
を作る

やる気の足かせ
理不尽な処遇 ➜P60
目標管理 ➜P56
人事考課表 ➜P52
衆人環視 ➜P64
過剰管理 ➜P46
未分化
人間関係 ➜P68
長時間労働 ➜P40
やる気の泉

誰の心の中にもある「やる気の泉」は、条件さえ整えば、必ず豊かに湧き出します。そして、「やる気の質」を高めていくことで、泉が従業員の心身に絶えずエネルギーを注ぎ続けてくれます。

ところが、今の日本企業には「泉」が湧き出す条件が整っていないところがたくさんあります。それどころか、せっかく心に芽生えかけたやる気の芽さえ摘みとりかねない、「やる気の足かせ」だらけの環境にあるのです。

分化するとやる気が湧く

個人を組織から切り離し、仕事内容、労働時間を個人レベルで区切っていくことが望ましい。

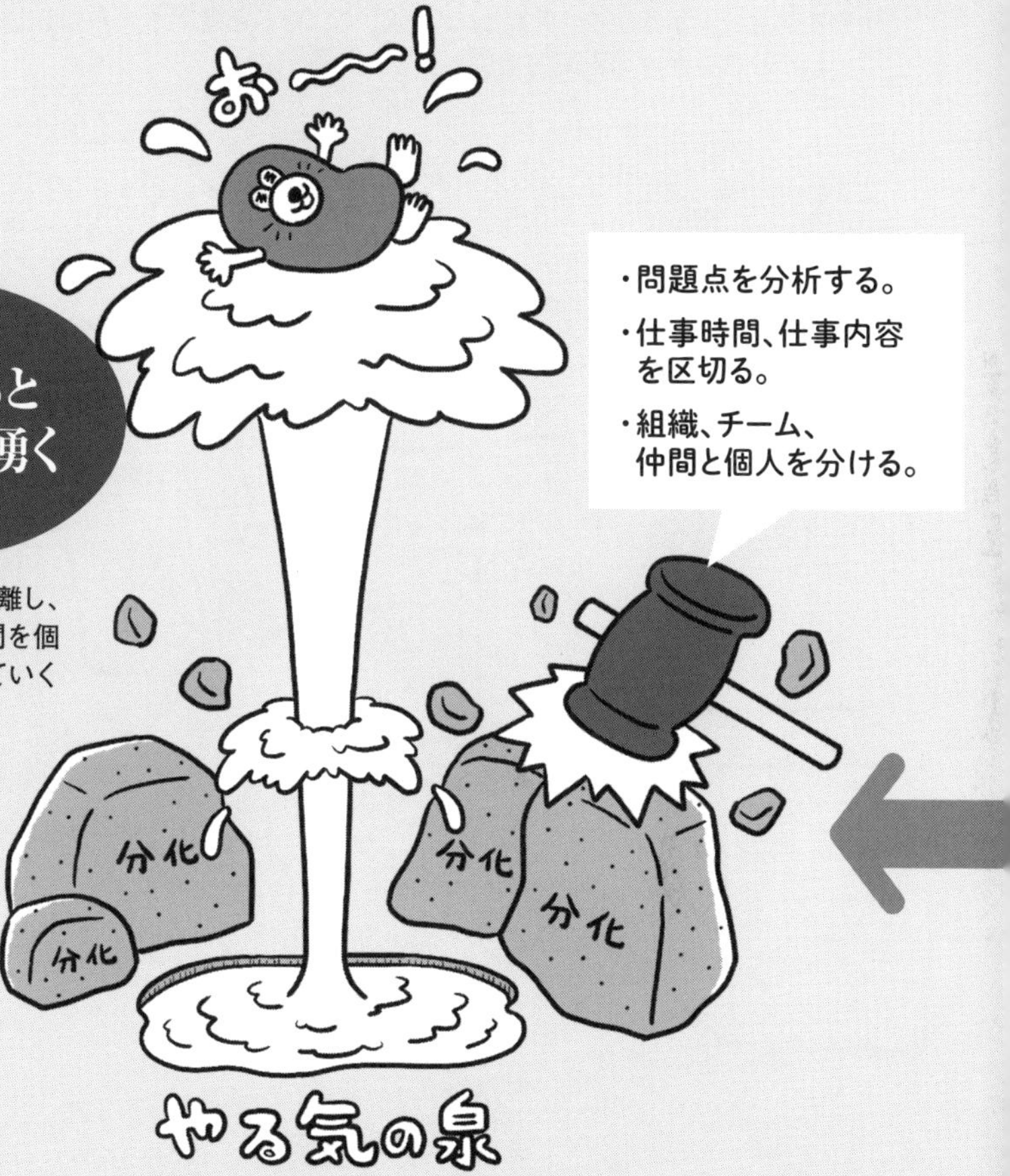
おー〜!
・問題点を分析する。
・仕事時間、仕事内容を区切る。
・組織、チーム、仲間と個人を分ける。
分化
分化
分化
分化
やる気の泉

仕事内容や時間・職場を分化。やる気の足かせをとり除く

やる気の最大の足かせは、職場での「未分化」つまり「一人ひとりの仕事や時間などが明確に分けられていないこと」です。

たとえば「連帯」を大事にする多くの日本企業では、自分の仕事が終わっても同僚の仕事を手伝わねばならなかったりします。先に帰ることを後ろめたく感じる雰囲気さえ……。これでは個人の時間をコントロールすることもできず、やる気も削がれてしまいます。

旧来美徳とされてきた価値観が作り出す「やる気の足かせ」に着目し、それをとり除く方策を考えていきましょう。

長時間労働の足かせ

残業アピールでやる気を無駄づかい

長時間労働が常習化した職場の問題点は？

残業をアピールすることが長期的な評価、得になると考える人が多い。しかし見せかけの勤勉さと引き換えにやる気は低下していく。

□ **定時には帰りにくい雰囲気がある**

残業が当たり前になっている職場では、終業時間であっても席を立ちづらい雰囲気がある。

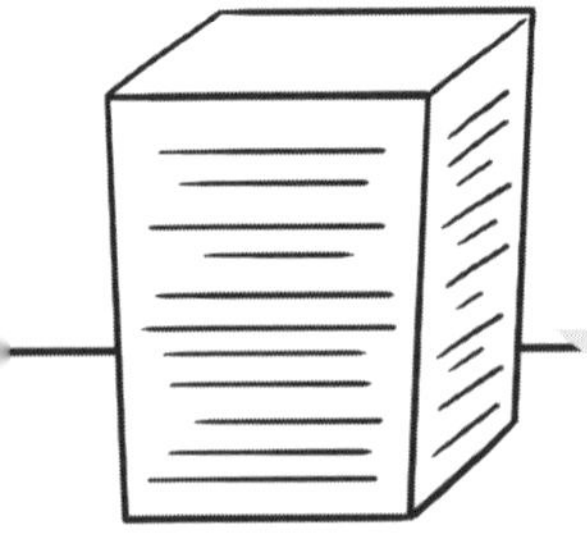

□ **やればやるほどミスが増えていく**

仕事時間が長くなればなるほど、集中力を持続できず、ミスが増えていく。

会社に勤める人にとって最大の「やる気の足かせ」は、長時間労働です。もちろんその理由には、絶対的な仕事量の多さがあるでしょう。けれども実はもう一つ、別の大きな原因が根底に隠れているのです。

日本では一般に、残業は仕事への熱意のバロメータのように思われ、定時に帰りにくい雰囲気があります。人が働いているのに自分だけ先に帰ることに引け目を感じる人もいます。

こうした見かけの勤勉さが重視されるあまり、残業を前提とし、夜に合わせてやる気を上げ

□
夜に合わせて
やる気を
コントロールしてしまう
残業が日常化していると、夜の時間帯に合わせてやる気を出すようになる。
□
アピールのための
中身のない
残業になっている
残業は、忙しさのアピールの場となり、仕事の質そのものは低下していく。
がんばってる
みたいですね
がんばってるのか？
俺、がんばってますっ!!
カタ
カタ
忙
□
一日の
仕事の終わりを
本人が決められない
仕事の分担を明確にしていないと、いつまでに終えればいいのかわからなくなり、仕事の終わりを決められなくなる。

やる気の浪費
やがて
やる気の低下

るリズムができてしまうのです。

しかし労働時間が長いほど、やる気は浪費されます。集中力は低下しミスも増えます。仕事の効率、生産性も落ちます。「長時間労働」の原因となっている最大の足かせを解決することが、大きな一歩となります。

長時間労働の改善方法を
真剣に考えると、他の
「やる気の足かせ」も自然に
解消されていきます。

無駄を省き、限られた時間に終えさせる

長時間労働の足かせ

長時間労働を生む背景にあるのが「長く働くことが善である」という潜在意識です。やる気の最大の足かせをとり払うためには、この考え方を１８０度転換する必要があります。

まずは「長く働くことは悪である」という考え方に発想を転換しましょう。

そのうえで「労働時間は有限」という認識を持ち、時短のための制度を作ります。ノー残業デーの推進や、人事考課表に労働時間の項目を盛り込むことも効果的でしょう。

制度を整えると同時に、業務

長時間労働の改善ポイント

会社側が長時間労働は評価のアピールにつながらないことを伝える。
業務の棚卸しをし、無駄を見直す。

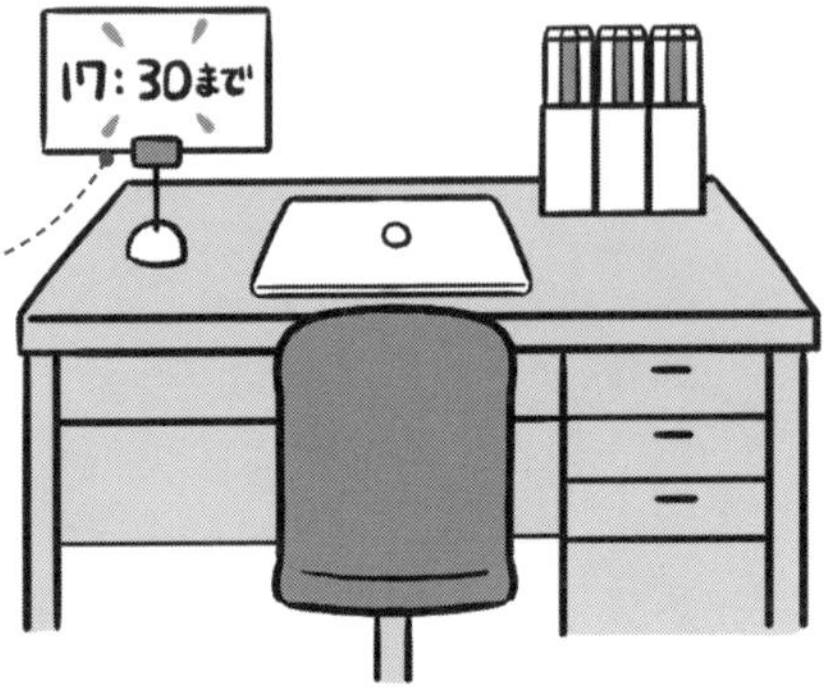

ポップを立てて帰る時間をアピール

机の上に時刻のポップを立てるなどして、今日の帰宅時間をあらかじめ周囲にアピールさせる。

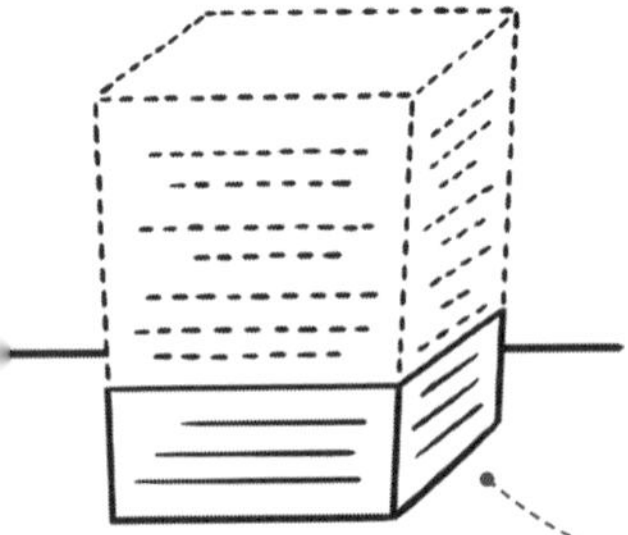

業務を棚卸しし、個人の仕事内容を明確化

抱えている仕事を見直し、なにをどのように進めれば終わるのか、具体的に計画を立てさせる。

上層部が「長時間≠評価」を徹底する

上層部が、長時間労働を評価しない。人事考課表などに労働時間の項目を加える。

ノー残業デーなどを設け、周知させる

ノー残業デーなど、一律で残業を禁止する日を設けて、全員定時には帰宅するようにする。

過剰管理をやめ、アウトソーシング化

誰でもできる仕事は外部に委託するなどアウトソーシング化し、本来の業務に専念させる。

内容の見直しも図ります。会議や資料等の効率化などは、チームレベルで改善できるはず。

また仕事の管理ポイントも「働きぶり」から「仕事の成果」へとシフトさせていくことが不可欠です（P45参照）。

やる気のツボ

休むと得するしくみを作る

「休みは悪」という意識を変えるには、思い切った改革も必要です。ある企業では、給与はそのままで、退社時刻を30分早めました。業績が落ちれば戻す予定でしたが、業績は伸び続け、退社時間は維持されているそうです。

他にも、早く退社した人にはポイントを与えるなど「休むと得する」しくみ作りも有効です。

自由な働き方のための制度導入を検討する

従業員のライフスタイルに合う働き方ができればやる気が湧く。
長時間労働を避ける意味でも労働時間制度を検討する必要がある。

制　度	内　容	ポイント
フレックスタイム制	1か月以内の一定期間(清算期間)における総労働時間を決め、その範囲内で始業・終業時間を自分で決めて働く(P81参照)。	・従業員側に時間を調整する決定権がある。
裁量労働時間制	特定の専門業務についている従業員が、業務の性質上、業務の遂行の方法や時間配分などのほとんどを決定し行う。労働時間はみなし労働時間を採用する(P81参照)。	・従業員側の自由な働き方が許される。 ・企業側は、労働時間の把握、それに応じた健康・福祉の保全が必須。
アニバーサリー休暇	本人の誕生日や結婚記念日、子どもの誕生日などの記念日(アニバーサリー、メモリアル)に年次有給休暇を取得させる。	・記念日はあらかじめ決まっているため、年休取得計画を立てやすい。
勤務間インターバル規制	前日の終業時刻から翌日の始業時刻のあいだに、一定時間の休息時間(インターバル)を確保する。	・法律に基づくものではないが、自主的に導入する企業が増えている。
朝型勤務	所定労働時間内の勤務が基本だが、夜型勤務にならないように朝型勤務をすすめ、コアタイムを前倒しする。	・結果的に早朝勤務をすることになり、所定外労働時間は変わらなくなるおそれもある。

※テレワークについてはP72参照。

働きぶりではなく、任務と成果で問う

川下管理

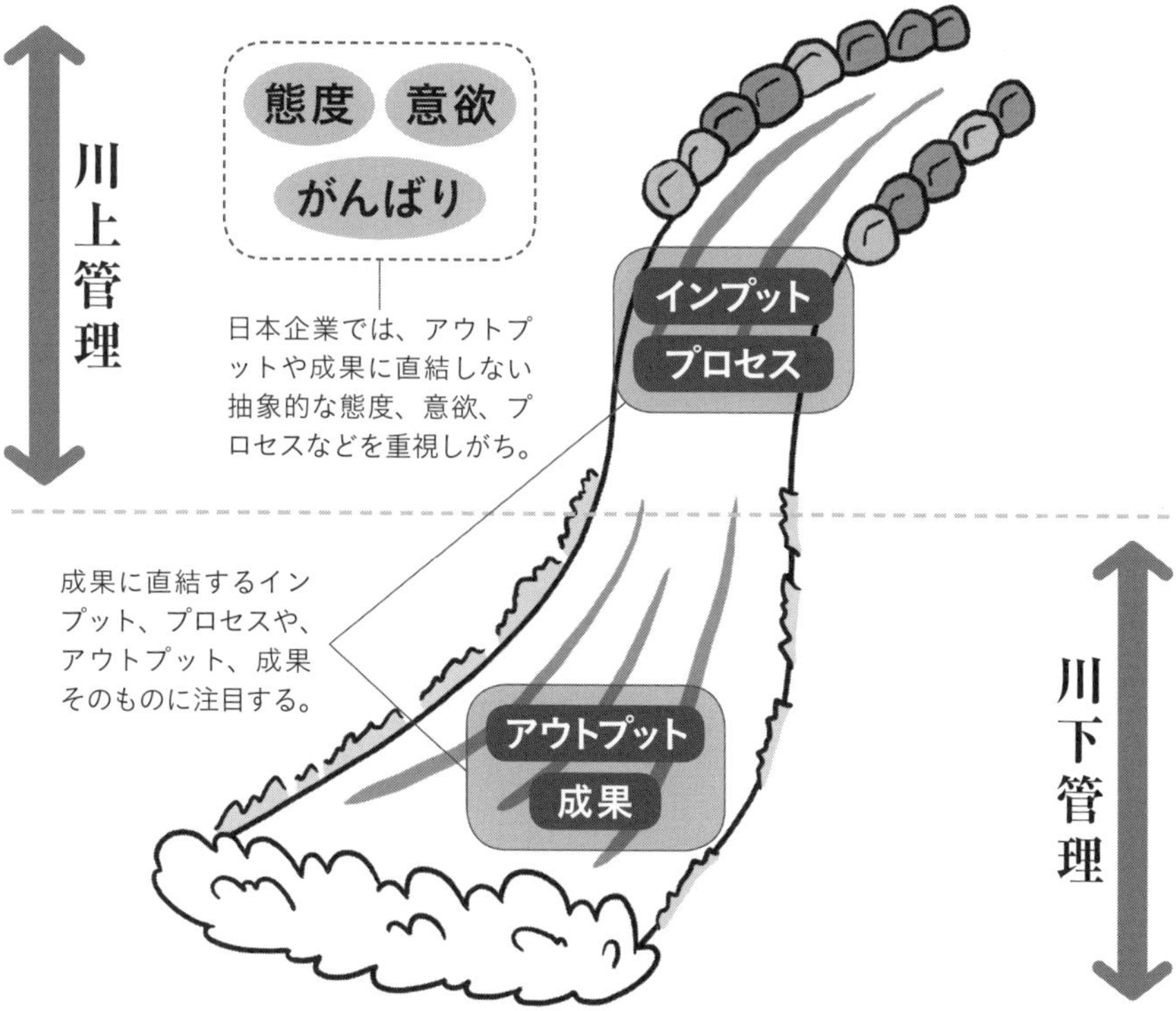
川上管理
態度
意欲
がんばり
日本企業では、アウトプットや成果に直結しない抽象的な態度、意欲、プロセスなどを重視しがち。
インプット
プロセス
成果に直結するインプット、プロセスや、アウトプット、成果そのものに注目する。
アウトプット
成果
川下管理

従来の日本企業は、仕事への姿勢など「働きぶり」で従業員を評価してきました。とくに工業化社会では仕事の「川上」を管理していれば、「川下」つまり成果も管理できたからです。

ところが現在のような知的労働では、仕事のプロセスは従業員の頭の中にあります。態度で評価しようとすれば、従業員は見せかけの働き方を意識してやる気を浪費してしまいます。

これを防ぐには、管理を「川下」に一元化すること。成果が上がるなら「働きぶり」は本人に任せます。そうすることで、自ら成果をあげる方法を創意工夫し、やる気を仕事に注入することができるのです。

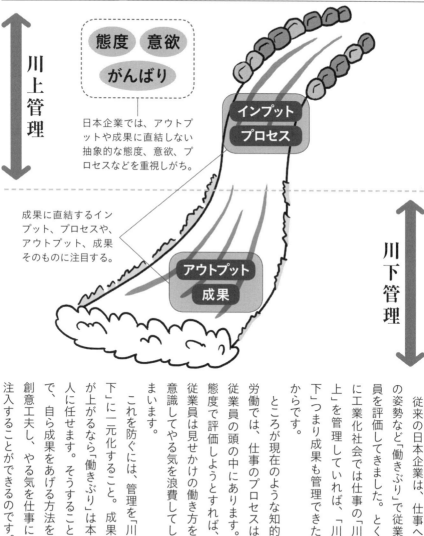

CASE

過剰管理の足かせ

指示しすぎると前向きな気持ちは消える

過剰管理がはびこる職場の問題点は？

上司が部下に密着し管理しすぎると、主体性や責任感が奪われていく。やる気とともに、仕事の質、生産性も落ちていく。

□ **決定権もなければ主体性もない**

裁量権がないため、仕事が前に進まない。いつも他人事で主体性もない。

□ **問題があっても隠すようになる**

叱られるのがいやで、問題を報告しない、失敗を隠すなどの隠蔽工作をする。

□ **ミスが増え、投げやりになる**

緊張からミスが増える。なにをしても失敗するので投げやりになる。

次なる大きな「やる気の足かせ」は、上司の部下に対する「過剰管理」です。

「管理職」という呼称のためか、日本では部下の管理を仕事だと思い込んでいる上司も多いようです。しかも多くの場合、上司は部下の「仕事」を管理するだけでなく、「人間」を管理しがちです。

まるで子どもを思い通りに動かそうとする心配性な母親のように、仕事のやり方や進捗状況などを一つひとつ指示し、報告を義務づけ、主体性を与えません。これでは部下のやる気は湧

□ やることを先回りし、指示してしまう
部下の行動を先回り。自分のやり方を提示し、その通りやるよう指示する。
□ 四六時中横につき、監視している
上司はつねに部下の一挙手一投足に目を光らせ、監視している。
□ よかれと思ってやっている
自分のやり方が最善策だと信じていて、よかれと思って部下を指導する。
□ 仕事ではなく人間を管理している
仕事の結果を見るのではなく、部下の人格ややり方を管理しようとする。
ちょっとどーなってるの？
次はあれしてこれして
まったく
じー
上司

かず、仕事の質も落ちてしまいます。

そのうえ、なにかと口うるさくチェックされるため、失敗を隠すようになります。

上司がよかれと思って部下に密着するほど、部下のモチベーションは低下、モラルハザードが起きやすいのです。

上司の立場を守るために「ダメな部下」のレッテルを貼るような事態が起きていないか、周囲もよく注意して！

部下を応援し、仕事の成果のみを管理する

過剰管理の足かせ

　過剰管理の足かせから抜け出すには、管理を川上から川下に移行することです(P45参照)。チェックするのは成果のみにとどめ、仕事のやり方は本人に任せます。

　このとき大事なのは、個人でする仕事とチームでする仕事を明確に線引きし、皆で意識を共有しておくこと。個人の仕事については、枠組みだけ教えたら、判断や決定権、裁量権を委譲し、部下自身の名前で行動させます。

　こうすることで部下のやる気は高まり、自分で考えながらいい仕事をしようという、攻めの

過剰管理の改善6ステップ

まず川下管理を徹底。部下の仕事内容を把握し共有する。

裁量権を委譲し、上司はサポーターに徹する。

Step 1

川下管理に徹底する

まず、仕事のプロセスややり方を管理する川上管理をやめる。仕事の成果のみを問う川下管理に切り替え、徹底する。パーソナリティを認め、やり方などは本人に任せる。

Step 2

仕事の線引きをし、情報を共有する

どこからどこまでが責任を持って行うべき仕事なのかを明確にする。同時に、進捗具合、コストに関わる点など、共有するべき情報を整理、認識する。

Step 3 「できない部下」への依存をやめる

「できない部下」というレッテルを貼ることで上司の存在意義を示したがる人もいる。まずレッテルをはがし、部下が自立して仕事ができるように支援する。

Step 4 枠組みだけ教え、やり方は考えさせる

自分の個性を活かし、創造的に仕事に関われるとモチベーションも上昇する。仕事の枠組みや工夫が必要なポイントを示しながら、部下自身にやり方を考えさせる。

私、田中一郎です！
なんでもやります！どこへも行きます！
田中一郎

Step 5 部下の名前を出させ、手柄を与える

部下に本人の名前を出させ、顧客などとやりとりさせる。部下の責任のもとで仕事を進めさせる。うまくいったらその手柄を部下のものとし、上司も周囲もよくたたえる。

Step 6 裁量権を部下に委譲する

判断や決断に関わる裁量権を部下に委譲する。部下が、上司を伴わずに現場に出向いて行っても、責任を持って仕事を前に進められるようにする。

姿勢が生まれるのです。

上司が思い切って管理の手を緩めて「部下離れ」をしてみると、意外に部下は立派に独り立ちしていくものです。

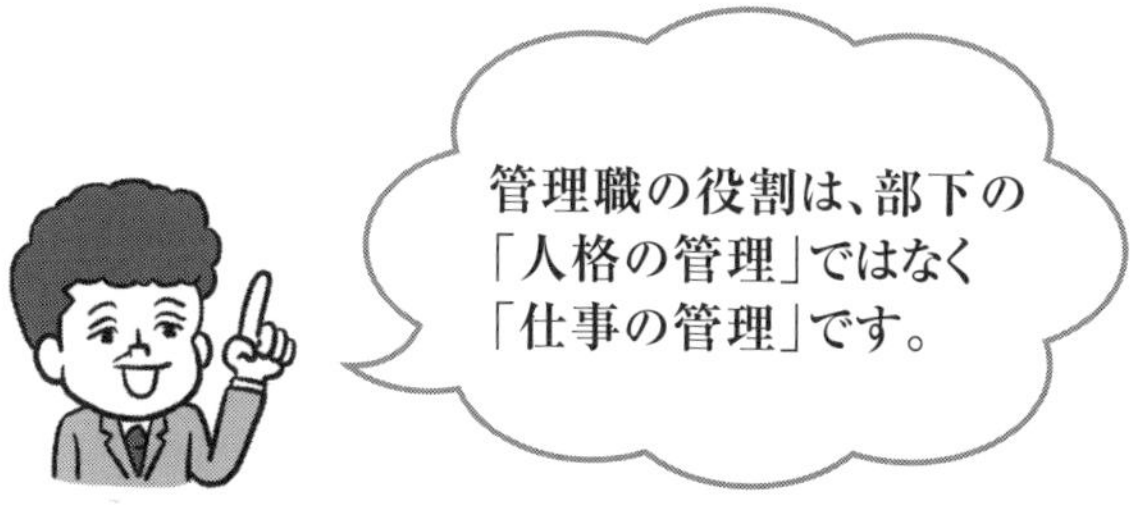
管理職の役割は、部下の「人格の管理」ではなく「仕事の管理」です。

「ホウレンソウ」を見直し、部下に任せる

部下への権限委譲を進めるために、報告・連絡・相談、いわゆるホウレンソウの内容や方法を見直す必要がある。

1 「ホウレンソウ」するべき基準を設ける。

事細かに起きたこと、これからやることのすべてを報告・連絡・相談するのではなく、下記の例のような一定の基準を設けてホウレンソウさせる。それ以外は、基本的に自らの判断で進めさせる。

例)法律、納期、料金に関することなど。

2 「ホウレンソウ」の間隔を空けていく

事あるごと、朝・夕、毎日……など今行っているホウレンソウの頻度を把握し、徐々に間隔を空けていく。間隔を空けていくことで、自分で考え、決断し、前に進めるようになる。相談を受けても、方法は自分で考えさせる。

3 仕事の責任の範囲を明確にする

仕事の責任の所在とその範囲を明確にする。たとえば下記のA)～C)のように、レベル分けしてとり組むようにする。

A)一人で行う仕事　B)係やチームで行う仕事　C)余裕があれば手助けする仕事

4 最終的な責任は上司が負うと腹をくくる

部下に裁量権を与え、自己責任で仕事を進めさせる。が、もし部下が失敗したときには、上司は自分が最終的な責任を負うという覚悟を持っておく。

日本企業では上司が部下を管理するために「ホウレンソウ」を頻繁に求めます。上司は部下から仕事の進み具合の報告を細かく受け、管理指導することを仕事としているからです。

この過剰管理体質を脱却するには、「ホウレンソウ」の見直しが欠かせません。まずは「なにについての」ホウレンソウが必要なのか基準を定め、部下の負担を軽くします。そのうえで部下に権限を委譲しながら、少しずつホウレンソウの間隔を広げていくのです。

上司が最終的な責任は負う覚悟を持ち、バックアップに徹すると、部下は細かいミスに萎縮することなく、のびのびと仕事に専念できるようになります。

忙しいくらいがちょうどいい

プレイヤー上司

忙しいので細々と見ていられない
本人が仕事を抱えて忙しいため、部下の仕事を事細かに管理することができない。
あとはよろしくー!
責任感とやる気が高まる
上司に安易に頼れないため、自分の仕事への責任感とやる気が上昇。
がんばりまーす!
いってらっしゃいませー!

管理職に必要とされる役割が、部下の働きぶりを細かく管理することから、川下管理に一元化されるのに伴い、多くの中間管理職は不要となります。

とはいえ、すぐに組織を変えることが難しければ、管理職の仕事の中身を「プレイヤー」に戻すのも一案です。

不思議なことに、それまで「ダメな部下」の管理に疲れ切っていた上司が、仕事の最前線に戻ると急に生き生きするというケースは多いものです。

さらに上司が自分の仕事に夢中になると監視の目が緩くなり、自由に仕事ができるようになった部下はやる気が高まり、一石二鳥となります。

CASE

人事考課表の足かせ

細かすぎる人事考課表は、萎縮させるだけ

細かすぎる人事考課表の問題点は？

人事考課表の基準が細かすぎると「評価のための評価」になりがち。根拠もなくマイナス評価をつけられ、部下のモチベーションは低下する。

□ **上司一人だけで評価することが多い**
多くの中小企業では、直接の上司が一人で評価を下すケースが多い。

□ **根拠がない項目も評価しなければならない**
実際の現場の仕事と無関係な項目も、評価しなければならなくなる。

どうしたもんかいのう
人事考課表
むむむ…
上司

□ **全体のバランスをとるために点数を調整する**
絶対評価ではなく、相対評価。部署全体のバランスをとることを優先しがち。

人事考課表は従業員のやる気をアップさせるもののはずですが、実はやる気をなくす要因となることのほうが多いようです。

一般に、評価のポイントは細分化され、ランクも細かく分かれています。

上司にしてみると、明確な根拠がなくても点数をつけなければなりません。多くは基準もあいまいなまま、相対評価で従業員をランクづけすることになります。

結果として「減点主義」に陥りがちで、マイナス評価が多くなるのです。これでは部下もたま

□
萎縮して思い切った
行動がとれなくなる
どんなふうに評価さ
れるか不安になり、
行動を制限するよう
になる。
□
なぜこのように
評価されたのか
理解しにくい
点数だけ示されるこ
とが多く、評価が下
された理由が、本人
にはわからない。
がんばったなー
へへへ
チラッ
部下
がんばったつもりなのに・・・
人事考課表
後日
□
他人の評価が
気になり、劣等感を
抱くことも
他人の評価が気にな
る。つねに比較・批
判されているような
気持ちになる。

りません。

根拠もなく低い評価をつけられると自信を喪失するだけでなく、職場への不満もたまる一方です。さらに、あれこれ細かく評価されていると思うと萎縮してしまい、仕事へのやる気が急降下しかねないのです。

人事考課表は
モチベーションに
大きく関わります。
管理職には必ず
研修を行いましょう。

人事考課表の足かせ

評価は単純化し、プロセスを公開する

人事考課表の改善ポイント

人事考課表自体を見直し、評価方法を変えていく。
部下や他部署の人にも説明できるように根拠を明確にすることが大事。

\ Before /

人事考課表　　対象期間　平成　年　月～　年　月

	所属	役職	氏名	考課者	
被考課者			印		印

考課課目			ウエイト(%)	評価ポイント											評価
	要素	項目		0	1	2	3	4	5	6	7	8	9	10	決定
基本姿勢	規律性	職場のルールを遵守している	3												
		時間を厳守している	3												
		社会人として適した格好をしている	3												
		整理整頓できている	3												
	協調性	チームワークを乱さずに仕事している	4												
		余裕があるときは他の人の仕事を手伝っている	3												
		仕事のノウハウを他のメンバーと共有している	3												
		苦手な人ともうまくつき合っている	3												
	責任性	仕事を最後までやり遂げている	5												
		自分の失敗を誰かに押しつけたりしていない	3												
		プロセスをていねいに遂行している	3												
		報告・連絡・相談を随時行っている	3												
	積極性	仕事のやり方に創意工夫をしている	5												
		人に指摘される前に行動している	3												
		上司にもきちんと意見を言う	3												
		自発的に技術や知識の取得を行っ	3												

BAD! 5段階以上の点数づけには意味がない！

BAD! 1項目に対する具体的評価内容が多すぎる！

BAD! 意欲や業績は数値化すると逆効果！

人事考課表は、従業員の不満を生まないことを大前提にして記入しなければなりません。

項目はできるだけ単純化して、レベルも3段階にとどめます。標準点を定め、「それよりどの程度優れているのか」という基準で、評価を数値化していくのです。このとき、公開しても皆が納得できるような客観的基準を作ることが必要でしょう。

数に換算できない意欲や業績については、文章で記しておきましょう。詳細が伝わり、部下も認めてもらったという満足感が高まります。

数値化は3段階まで

数値化するときは、3段階まで。細かすぎると、評価するためにマイナス面を探すようになる。

周囲の評価を盛り込む

上司一人ではなく、必ず別の人の評価、または周囲の評価も盛り込むようにする。

After

人事考課表

対象期間　平成　年　月〜　年　月

被考課者	所属	役職	氏名
			印

一次考課者	印
二次考課者	印

評価基準　3:常にできている　2:だいたいできている　1:できている　0:評価しない

考課課目		評価						
	項目	本人	コメント	一次	コメント	二次	コメント	決定
基本姿勢	職場の規律を守って仕事している							
	所定時間内に仕事を終えている							
	他のメンバーと協調しながら仕事を進めている							
	自分の仕事を最後まで責任を持ってやり遂げている							
	創意工夫を凝らしながら積極的に仕事にとり組んでいる							
技能技術	一般常識、ビジネス分野の知識を習得している							
	パソコン操作を理解し、基本的な文書を作成できる							
	仕事の効率、効果を考えながら仕事にとり組んでいる							
	法令を守り、公私の区別をつけて仕事している							

項目	本人コメント	一次コメント	二次コメント
とり組んだこと			
達成したこと			
これからの課題			

評価項目を単純にする

評価項目はできるだけ単純に。足りない部分はコメントでフォローする。

単純

上司一人で評価せず、評価のプロセスを公開していきましょう。

意欲や業績などは文章化して示す

本人の意欲や業績、今後の課題などは、できるだけ詳しく文章化して残す。評価を下す側も、コメントで書き記す。

標準点を決め、優れていたら倍以上点数をつけてもいい

標準点を決め、それ以上つけたいときは倍以上の点数を自由につけ、徹底的にほめるのもよい。

CASE

高すぎる目標の設定は意欲を減少させる

目標管理の足かせ

高すぎる目標と厳しい管理の問題点は？

目標が上から一方的に与えられたり、達成度だけで評価されたりすると、部下のやる気は低下し、不平不満や力の出し惜しみなどの反発が起こる。

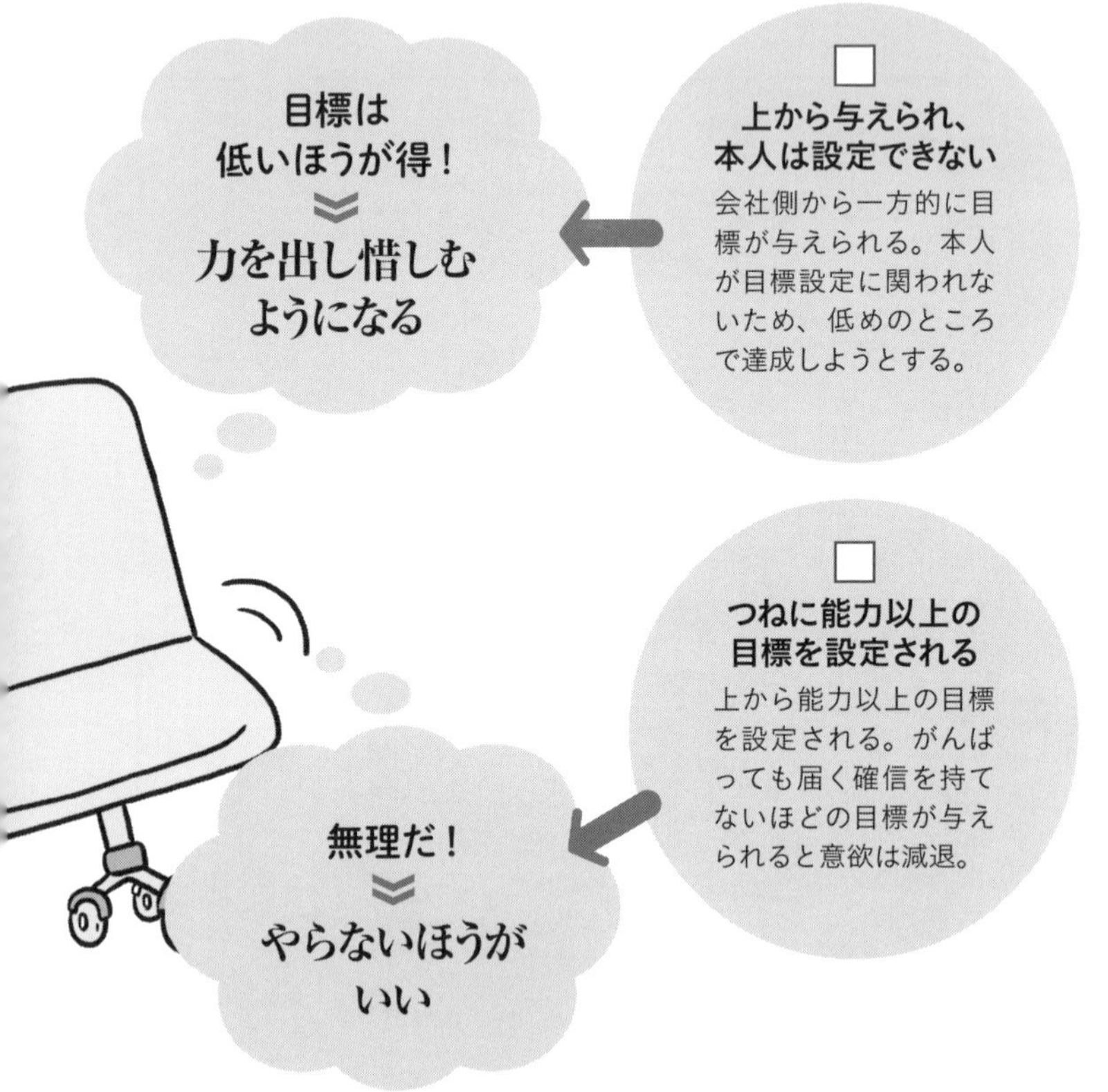

□
上から与えられ、本人は設定できない
会社側から一方的に目標が与えられる。本人が目標設定に関われないため、低めのところで達成しようとする。
目標は低いほうが得！
力を出し惜しむようになる
□
つねに能力以上の目標を設定される
上から能力以上の目標を設定される。がんばっても届く確信を持てないほどの目標が与えられると意欲は減退。
無理だ！
やらないほうがいい

多くの企業で行われている目標管理の制度にも、やる気の足かせの要因が隠れています。最大の問題は、目標が上から与えられているということです。

ほとんどの場合、全社の目標に基づいて各部署の目標が設定され、それが各々に割り振られます。そのため、従業員はお仕着せの目標に向かって働くしかありません。これでは自主性の入り込む余地はなく、意欲も削がれます。

また、つねに能力以上の目標を与えられるうえ、達成度で評価されるため、力の出し惜しみ

□ **上司が設定した目標に納得できない**

与えられた目標の内容や設定の仕方に納得できない場合、やる気がなくなり、前向きにとり組めなくなる。

↓

こんなの意味あるのかな？

≫

モチベーションは
急降下

□ **前回の目標達成に対して、報酬がない**

目標を達成しても、ほめられなかったり、報酬がなかったりすると、損をした気持ちになり、手を抜くようになる。

↓

報酬をくれ！

≫

サボるようになる

をする従業員さえ出てきます。

目標を達成しても満足のいく報酬が得られなければ、「やらないほうが得」とばかりに従業員はサボりがちに……。組織の活力も低下してしまいます。

目標管理の足かせ

目標設定と達成へのプロセスを一緒に

高すぎる目標設定の改善ポイント

目標設定では、本人が決めたという意識を持たせることが大事。
上司はサポーターとして、目標達成までの道筋を一緒に考える。

目標は少しだけ上に設定する

目標は、少しだけ上、がんばれば手が届く範囲で設定する。可能性を感じられることが大事。

部下本人に目標を考えさせる

本人に目標設定をさせる。仮に上から与えられた目標でも、本人とともに調整する。

目標設定はコミュニケーションの手段と考える

目標設定が目的ではなく、上司と部下のコミュニケーション手段だと考える。

目標管理の際にもっとも大事なのは、自主性です。自分で目標を立てたという意識を持つことで、それをクリアしようというやる気が湧くのです。

まずは本人の抱く夢や自己成長につながることを前提にし、それが会社の目標と一致するように考えます。

設定については個人の能力より少し上を目指します。そこまでのプロセスを上司と部下がきちんとコミュニケーションを図って練ることで、納得のいく目標設定が可能となります。

評価も重要です。目標達成に

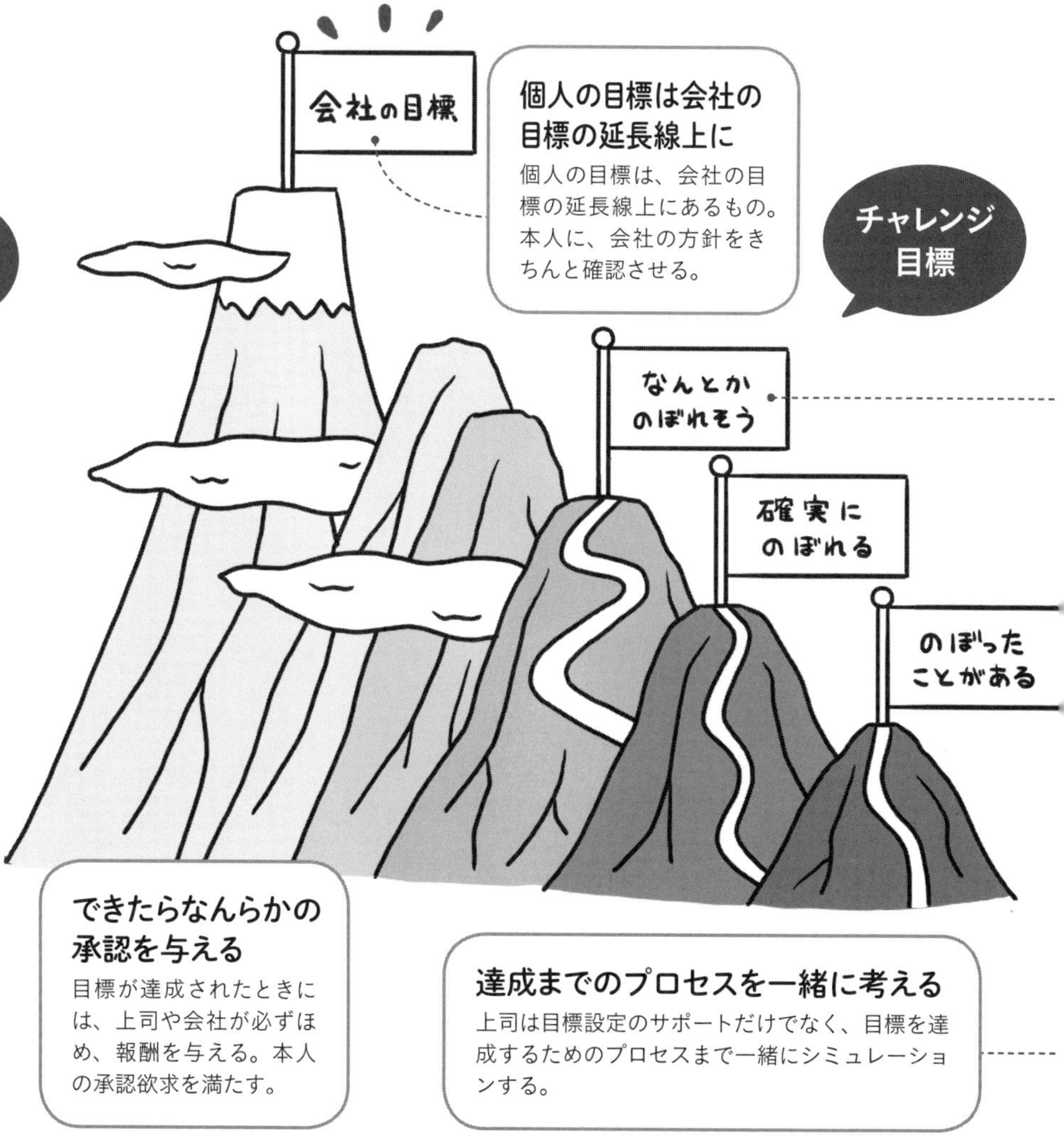
会社の目標
個人の目標は会社の目標の延長線上に
個人の目標は、会社の目標の延長線上にあるもの。本人に、会社の方針をきちんと確認させる。
チャレンジ目標
なんとかのぼれそう
確実にのぼれる
のぼったことがある
できたらなんらかの承認を与える
目標が達成されたときには、上司や会社が必ずほめ、報酬を与える。本人の承認欲求を満たす。
達成までのプロセスを一緒に考える
上司は目標設定のサポートだけでなく、目標を達成するためのプロセスまで一緒にシミュレーションする。

応じた報酬アップはもちろん、達成に至るまでの働きぶりについて、周囲に認知を図ります。社内だけでなく外部の関係者に業績が伝われば、さらにやる気が刺激されます。

やる気を持って
目標を遂行するには、
本人の納得が
欠かせません！

CASE

口にしづらい不満は抵抗につながる

理不尽な処遇の足かせ

理不尽な処遇を放置したときの問題点

口にしづらい不平不満があると、水面下での反発、抵抗につながる。受動的な攻撃行動なのでわかりづらく、他の従業員へ悪影響を与える。

□ **不本意、理不尽を感じるとネガティブモードに**

公平さが欠けている、理不尽だと感じると、不平不満を言いたくなる。

□ **不平不満は同僚に伝播していく**

愚痴や悪口は、同じ立場に置かれた従業員たちに伝播しやすい。

従業員のあいだに水面下の不満がたまり、やる気を押し下げることもあります。

原因はおもに、納得できない処遇への不満です。

目標達成への報酬が充分でなかったり、業績不振で待遇が切り下げられたりすると、公然と口に出せない反発や不満がマグマのようにたまっていきます。

人はこのような状況に置かれると、自然と心の中で折り合いをつけようとします。たとえば給与を数パーセントカットされると、仕事をその分手抜きして、心の帳尻を合わせるのです。

□ **嘘、ドタキャン、突然の離職につながる**

自分の側に正義があると感じているため、嘘をついたり離職につながりやすい。

□ **コンプライアンスに関わることにもなりかねない**

不公平に起因するやる気の低下は自暴自棄を招きやすく、コンプライアンスに関わるトラブルが起きやすい。

□ **陰でコソコソ不平不満、ネットに悪口も**

表立って意見を表明しにくいため、陰で不平不満を漏らしたり、ネットに悪口を書き込んだりするようになる。

□ **密かに談合して受動的攻撃行動に出ることも**

仲間たちとつるんで「やらない」「無視」という受動的な業務の妨げを行う。

能力をフルに使うと損をしたような気分になるので、できることもやらなかったり投げやりになったりします。

愚痴に同調する人も増え、社内の空気はますます停滞してしまいます。

やる気のツボ

期待×魅力＝モチベーション「期待理論」で見える不平不満

やる気は期待×魅力で測ることができるという「期待理論」があります。魅力的なものを得られる期待があればやる気は出ます。期待が低くても、与えられる報酬の魅力が低くても、やる気は落ちます。

従業員に不平不満があるときは、目標を達成できる期待と、そこから得られる報酬が存在するのかをチェックしてみる必要があります。

理不尽な処遇の足かせ

なんらかの報酬で心の折り合いをつける

給与カットや降格など納得のできない処遇で不満がたまった場合、どうしても対応できないこともあります。

なんらかの代替案を提示し、従業員の心に折り合いをつけることが大切です。

たとえば賞与や休暇・勤務時間等の処遇を考慮したり、他から評価されやすい仕事を与えたりすることもいいでしょう。

従業員に不満がたまらないように、一人ひとりの「個人の利害」を敏感に感じとり、対応することが、上司には求められます。

理不尽な処遇への改善ポイント

不満な気持ちをおさめるためには、納得できる報酬が必要。
代替案を報酬として提案する。

【理不尽な処遇】

給与カット
降格
転勤
配置転換
など

代替案で調整

ボーナス
基本給に手を入れるのが難しい場合は、ボーナスで適宜調整する。金銭でのフォローは不満を解消しやすい。

休暇
特別休暇を与えたり、休暇を取得しやすいように業務日程を調整する。自由時間で折り合いをつける。

勤務時間
本人の希望にそって勤務時間を調整したり、勤務制度を変更したりする。時間的な融通をきかせる。

仕事内容
効率よく進められる仕事を与えたり、好意的な顧客の担当につけたりして、仕事内容で折り合いをつける。

公平に近づくためにモチベーションを調整

公平理論

公平

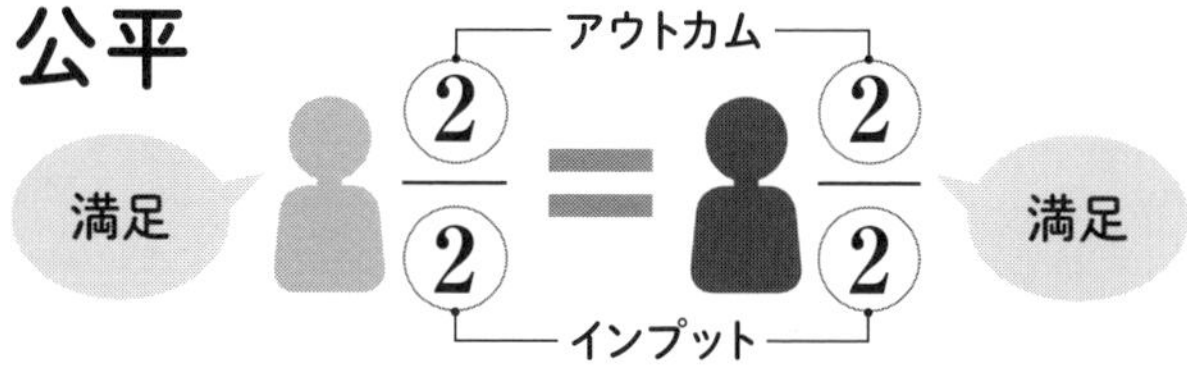

自分と同じだけの貢献をした者と同等の報酬を得ていれば、「公平」だと感じ、モチベーションが安定的に上昇していく。

アウトカム:報酬の大きさ　インプット:貢献度

不公平になると……

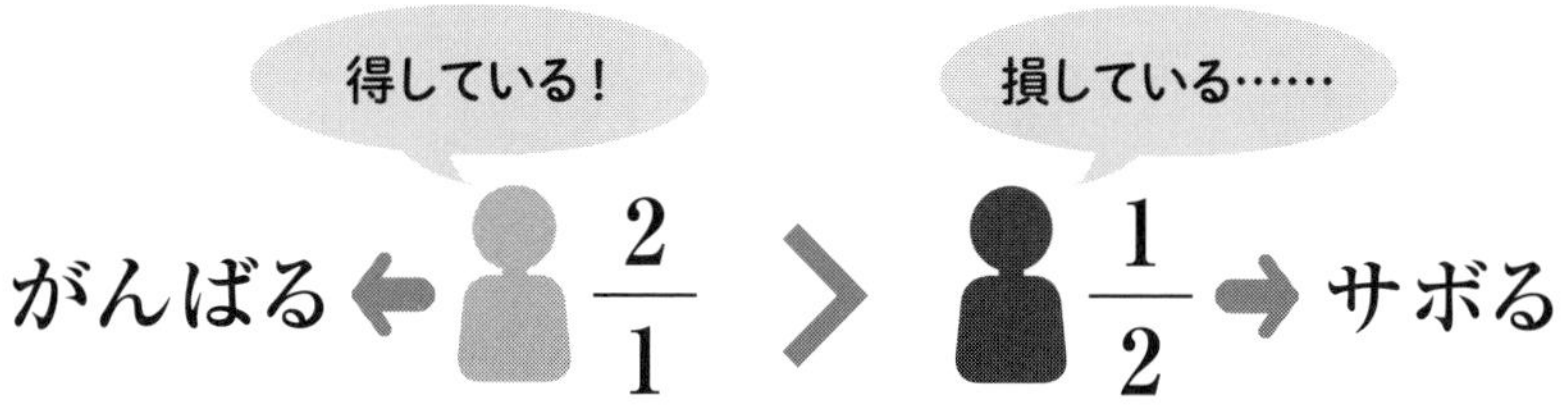

同じ仕事を任されているのに、相手より貢献度が低く、より報酬を得ている場合、公平になるようにがんばろうとする。

同じ仕事を任されているのに、相手より貢献度が大きく、報酬が少ない場合、不満を訴えたり、サボろうとしたりする。

貢献と報酬を考えるときには「公平理論」が参考になります。「人は他者と比べて公平な報酬を受けていると思うと満足する」という理論です。人より報酬が低くても高くても不公平だと感じて、それを是正しようとする意識が働くというのです。

同じ貢献をしているのに処遇が低ければ、より高い報酬を求めるか、手を抜くようになります。

逆に貢献度より処遇が高ければそれに見合うよう努力します。いい処遇を与えられた人は、得していることに居心地の悪さを覚え、それに見合った働きをしようと、より一層努力するようになるというわけです。

CASE

衆人環視の足かせ

大部屋オフィスでは、やる気が浪費する

衆人環視型オフィスの問題点は？

大部屋で仕切りのない衆人環視型のオフィスは頭脳労働には向かない。
忙しいフリをする、やる気の浪費が起こりやすい。

□ **考えているのに、サボっているように見られる**

思考中かどうかは、見た目にわかりづらい。ぼーっとしていると誤解される。

□ **長時間の不在も、ソワソワの原因になる**

周囲の様子が気になる。長時間不在にしている人に対しても、なにをしているかが気になり、イライラ、ソワソワ。

□ **来客など、さまざまな雑用で思考が中断**

来客や電話など、自分の仕事以外のさまざまな雑用で思考が中断しがちに。

監視すればするほど気になるところが出てくる
上司も部下が気になり、監視状態に。見れば見るほど悪い点が目につく。
見られている感じがして四六時中落ち着かない
つねに誰かに監視されている感じがして、落ち着いて考えごとができない。
やる気をアピールするために無駄なことをしてしまう
他人の視線に応えようとやる気を雑事でアピール。仕事はたいして進まない。
イラ
イラ
イラ
チラッ
ソワ
ソワ
もしもし、ハイ
エーエ〜

大部屋にデスクを並べた従来のオフィス環境も、知的作業のやる気を損ないます。会社が一丸となって同じものを作る製造業や事務作業にはコミュニケーションのとりやすい環境が必要でした。が、今の仕事に求められるのは創造性などの頭脳労働。静かな環境で人の目を気にせずじっくりと思考に集中できる場が必要です。

ところが衆人環視型のオフィスでは気も散りやすく、自分の思考に沈潜することができません。手を止めて考えているとサボっているように見られたり、声をかけられて思考が中断してしまいます。上司は部下が気になり、細かいことまで口を出して、過剰管理になりがちです。

解決

ベストは背中合わせで仕切りがある場所

衆人環視の足かせ

衆人環視型オフィスの改善ポイント

欧米のオフィスで採用されているブース型のオフィスは、
プライベート空間を確保でき、やる気の浪費が起こりにくい。

モチベーションが上がるような好きなものを飾る
やる気が湧くようなアイテムを飾る。好き・あこがれのもの、行きたい場所の写真などでも。
背中合わせで顔が見えないようにする
同じ空間にいる相手の顔が見えないほうがいい。できれば背中合わせが望ましい。

頭脳労働のやる気を上げるには、個々のプライベートが守れる空間が不可欠です。

欧米のようなブース型オフィスの形態をとり入れたり、デスクのあいだに仕切りを作ることができれば、個々の空間で、落ち着いて考えに集中することができます。

それが無理なときは、コーナーにデスクを置いて、「頭脳労働用スペース」を確保してもよいでしょう。仕事の分化ができていれば、各々の分担が明確に線引きされるので、頻繁に連絡をとり合う必要はありません。

コーナーや仕切りの壁でプライベート空間を作る

部屋のコーナーや仕切りの壁を利用し、周囲の情報(会話や視線、雑音)が遮断される空間を確保。

共有の本棚などで仕切る

仕切りに本棚を設けて、共有のスペースに。限られた空間で無駄がないようにレイアウトする。

数人のユニットを複数作る

プライベート確保型デスクをチームごと、プロジェクトごとにつなげたりしてもいい。

頭脳労働用スペースを用意し作業できるようにする

オフィス全体のレイアウトを変更できないなら、作業時だけ移動できるよう頭脳労働用スペースを用意する。

集中したいときに時間制で頭脳労働用スペースを利用します。打ち合わせはミーティングスペースで行います。上司はイライラしながら部下の働き方を管理する必要もなく、川下管理の徹底に努めることができます。

ミーティングスペース

ミーティング用に対面できる大きなデスクを設置する。

頭脳労働用スペース

プロジェクトやチームごとに数人分のユニットを並べていく。

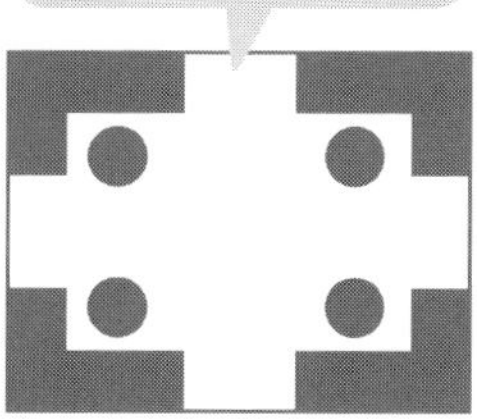

CASE

人間関係の足かせ

人間関係のしがらみでやる気を失う

人間関係のしがらみの問題点は？

内向き、閉鎖的な集団では、人間関係のしがらみが生まれやすい。
人間関係のストレスによって、やる気も生産性もグンと落ちる。

閉鎖的な集団で密なグループ化が起こる
人間関係が密だと、グループができやすい。仲間によって自由が奪われがち。
多数意見に同調することがストレスになる
グループの仲間に引っ張られて、自分の意見を言わずに我慢するようになる。
ランチ行こうよ！
え〜 え〜 行かないの？
う、うん
い、行こうかなぁ…
モジ
モジ
同調圧力

退職した人に理由を聞くと、表向きは「キャリアアップのため」としつつ、「実は人間関係がいやで」と、本音を漏らす人がとても多いといいます。

上司の過剰管理ややる気のない態度、意見の相違などの不満もありますが、見逃せないのは、同僚など組織内のつきあいです。

仲良しグループのような閉鎖的集団ができてしまい、そこにうまく入れないと仲間外れにされて孤立してしまうこともあります。

グループに入れた人でも、一人だけ仕事に熱意を示したり、

□ **ストレスから欠勤、離職が起こりやすい**

ストレスから思い悩み、やる気も低下。欠勤や突然の離職が起こることも。

□ **気軽に相談できないような環境が作られる**

悩みごとがあってもオープンにできないような雰囲気が生まれる。

□ **グループ化によって仲間外れが生まれる**

グループ化が進むと、意見の相違が見られる人は仲間外れにされやすい。

孤立
カタ
カタ
カタ
カタ

あいつ
つきあい
悪いよなー
へんな奴ー
コソ
コソ
ヒソ
ヒソ

一つの職場の中で、
極端な人間関係の
濃淡があるのは望ましい
状態ではありません。

社内公募に応募するなどやる気を見せて人と異なる行動をとると、嫌味や陰口をたたかれたりすることもあります。

人間関係を保つために、つねに周囲と同調しなくてはならないと、やる気が損なわれ、うつ状態になって欠勤する人も出てきてしまいます。

職場の外へ関係を広げる工夫をする

人間関係の足かせをとり除くには、閉鎖的集団の風通しをよくすることが第一です。

一つのカギは多様な人材を活用するダイバーシティです。フリーランスや契約社員、外国人スタッフなどの「異分子」をとり込むことで組織の価値観が多様になり、集団に風穴が開きます。

単一価値観に縛られなくなるので、自由に意見を言うなど行動しやすくなります。

年齢や考え方の異なるいくつかの部署を横断するプロジェクトチームを作り、共同で仕事を

人間関係のしがらみの改善ポイント

風通しのよい組織を作るためには、多様な背景、価値観の人材を集めたダイバーシティ集団を作る。

価値観、境遇が違う人と触れ合う

外国人や雇用形態の違う人など別の価値観、境遇の人とチームを組むことで、風通しのよい集団ができる。

年齢の違う従業員とチームを組ませる

年齢が違う者同士では、ライバル意識は少なくなる。同世代の仲間とは違った頼り頼られる関係が生まれる。

席替えで人間関係の固定化を解消

職場の席が決まっていると同じメンバーとしか話さず、交流範囲が狭くなりやすい。席替えを利用して、固定化しない工夫を。

◎ ローテーション制

ローテーション制は、あらかじめ曜日ごとに、どこに座るかが決まっている制度。毎日違うメンバーと隣席するため、顔を合わせる人が変わる。多くの人と交流が持てる。

1週目

Eさん	Cさん	Aさん
Fさん	Dさん	Bさん

↓

2週目

Bさん	Aさん	Dさん
Cさん	Eさん	Fさん

つねにバラバラ

△ フリーアドレス制

フリーアドレス制とは、従業員の席を固定せず、空いている席を自由に利用する制度。ただし、好きな席に座るため、仲間同士で集まりがちに。結果的にグループは固定しやすい。

◎月×日

	Cさん	Aさん
		Bさん

「仲良し」で集まる

↓

◎月×日

Bさん	Aさん	
Cさん		

「仲良し」が固定化しがち

やる気のツボ

いじめが消えた！「一斉ランチ＆言いたいことは皆の前で」

　ある生協の店舗では、閉鎖的な「仲良しグループ」で人間関係が悪化し、業績も最低でした。そこで店長は次のことを徹底しました。①言いたいことは皆の前で堂々と言う②昼食は皆で一緒にとる。

　すると職場の人間関係は改善され、業績も全店トップになったといいます。閉鎖的集団の風通しをよくすることの大切さを物語る実例です。

するのもいいでしょう。

　社員の意識を外に向けることも有効です。顧客とのミーティングに参加させたり、他社や異業種等との交流の機会を奨励したりするなどして、社員の意識を外に向けさせるのです。

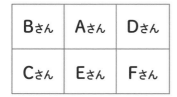

Column

モチベーション向上には テレワークでも「場」は必要

時間や場所にとらわれない新しい働き方

ICT（情報通信技術）を使い、時間や場所にとらわれない自由な働き方ができる「テレワーク」こそ、これから注目される労働形態です。自宅などで働く在宅勤務、場所を限定しないモバイル勤務、サテライトオフィスなどの施設を利用して働く施設利用型勤務など、さまざまな形態があります。

つねにテレワークを実施する「常時テレワーク」もあれば、週1～2回、午前・午後だけなどとあらかじめテレワーク実施時間を決める「随時テレワーク」もあります。

テレワークが広がることで、妊娠・出産・育児や介護中だったり、障害を抱えていたりする、就労にハンディのある人たちの働く機会が増えます。ワークライフバランス、ワークライフオートノミー（P80参照）といった自律的な働き方にも対応でき、モチベーションを高める効果も。

その他にも、会社の経費削減や業務の効率化、社会的には通勤混雑の緩和などさまざまなメリットがあります。

完全在宅よりサテライトオフィスを利用

国は積極的にテレワーク導入を後押ししており、中小企業の導入にあたっては、助成金制度も設けています。

こうした流れを受け、導入を検討する会社も増えています。導入企業のヒアリング調査によると、完全在宅勤務より、施設利用型勤務のほうが、モチベーションアップにつながるということが多いようです。

ふだん在宅勤務でも、たとえば週に1～2度、サテライトオフィスなどに足を運び、同じ立場の人たちと顔を合わせながら仕事をします。「場」を訪れれば同じ立場の仲間がいて、あいさつをしたり、近況を話したり。こうした何気ない会話が、ストレス発散や励みになり、明るく前向きな気持ちにさせてくれます。

PART
3

やる気を最大限に引き出すモチベーションマネジメント

「自律」「外向き志向」「承認チャンス」三つそろうとやる気に満ちて働ける

条件が備わっている》

条件

1

自律

自律、つまり受け身ではなく、自らの意思と判断に基づいて仕事をしている。裁量権を与えられ、能動的に物事に関わっている。

やる気は、足かせさえとり除けば心の中に自然と湧き上がってくるものです。

とはいえ、やる気をキープし、高い成果につなげるには、足かせをとり払うだけでは足りません。ハイ・パフォーマー、つまり高い成果をあげている人にはおもに三つの特徴があります。

一つめは「自律」。組織の一員でありながら、フリーランスのような独立した精神で自律的に働いています。

時間の使い方、仕事のとり組

≪ ハイ・パフォーマーには三つの

条件 2 外向き志向

意識がいつも組織の外にある。組織内部の些末なことにとらわれず、高い目標を掲げ、顧客や世間に関心を向けている。

条件 3 承認チャンス

上下関係や狭いチーム内だけでなく、別の部署、また顧客や他社の人間など組織の外の人たちからも認められる機会に恵まれている。

み方について裁量権を与えられている反面、成果が出なければ責任をとる覚悟を持ち、自らの意思と判断で能動的に仕事をしています。

社内のしがらみにとらわれず広い視野を持つことが不可欠

二つめは「外向き志向」。会社の外に目標や関心があり、社内の価値にしがみつきません。

市場の動きや世界情勢など、大きな視点を持ち、仕事をしています。

三つめは「承認チャンス」に恵まれていること。

会社の内外で評価されることで有能感を持ち、やる気を高めています。

自律とは

自由と責任が「自分でやる」心を作る

自由度が高く、責任が大きいとやる気は高まる

自己責任を果たせる状況で、もっともモチベーションが高まる。自由もなく責任も問われないと、やる気も湧かない。

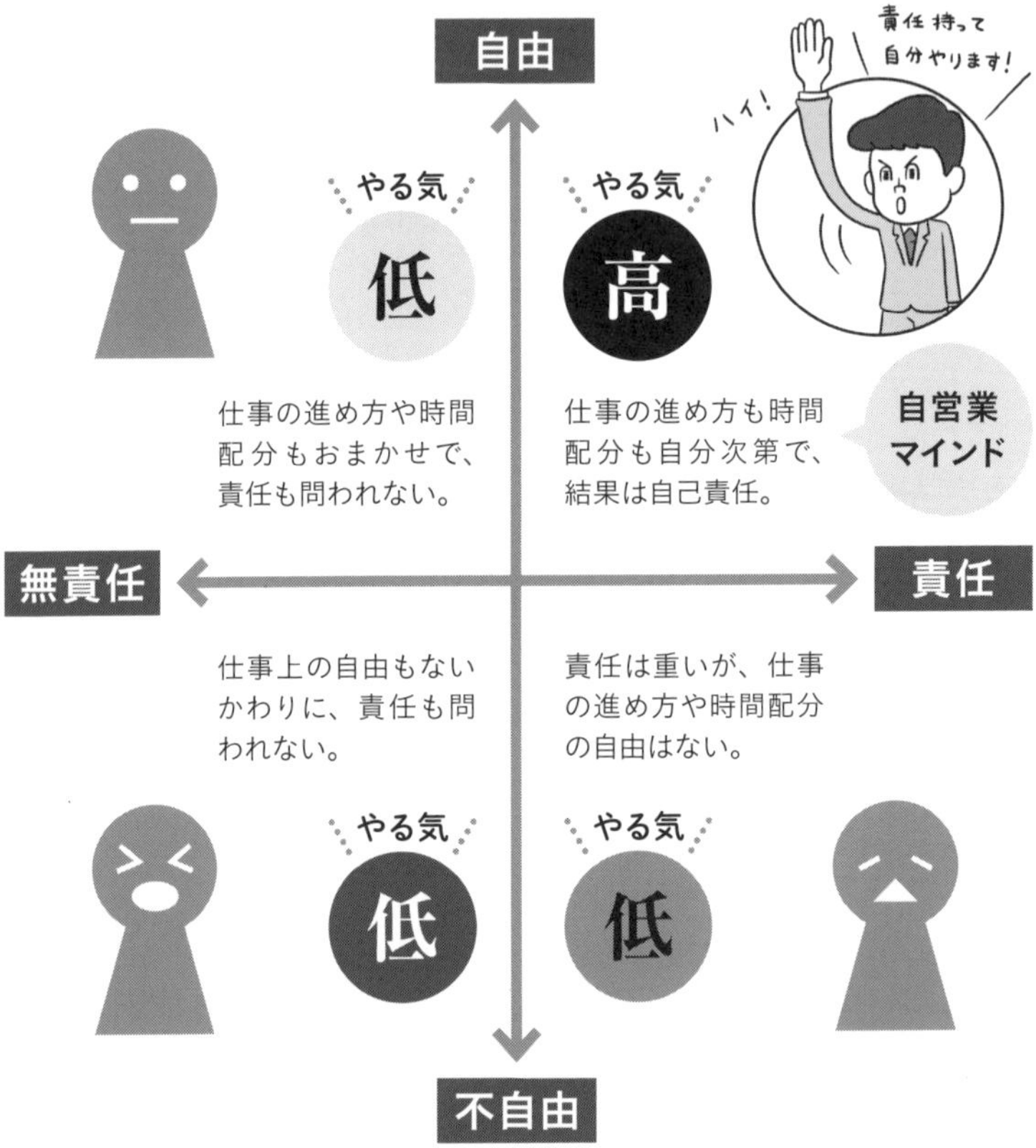

自由
責任持って自分やります!
ハイ!
やる気
低
やる気
高
仕事の進め方や時間配分もおまかせで、責任も問われない。
仕事の進め方も時間配分も自分次第で、結果は自己責任。
自営業マインド
無責任
責任
仕事上の自由もないかわりに、責任も問われない。
責任は重いが、仕事の進め方や時間配分の自由はない。
やる気
低
やる気
低
不自由

自分を自分でコントロールする「自律」は、人の根源的な欲求です。赤ちゃんが親の手を振り払い、自分の足で歩くことに喜びを感じるように、人は自分の力で夢を達成することで自己効力感を得て、さらに能力を高めようと努力できるのです。

自律は、「やる気の母」といえるでしょう。

自律性がもっとも発揮されるのは、自営業者のように自由度が高く、同時に責任も伴う立場です。

「自己責任」というと、冷徹な印象も与えがちですが、やる気

自律はやる気の母。夢・志でやる気が引き出される

**自分を自分自身でコントロールしたいというのは人間の根源的な欲求。
創意工夫が許され、自由に試行錯誤できたとき自己効力感を覚える。**

＼ やる気の母 ／

自律

能動的に自分自身をコントロールしながら、思うように行動したいという気持ちが、やる気の源にある。

つまり

「自分でやりたい!」

＼ そのためにはどうする? ／

創意工夫

思うように行動し、結果を出すためにはどうしたらいいか、自由にアイデアを出し、工夫、実行することができる。

モチベーション倍増

＼ できた! やった! ／

自己効力感

創意工夫の成果によって、思い通りに行動でき、納得する結果が得られたとき、「自分はできる」という感覚を得られる。

ベクトルは
夢・野心に
向かっている

夢・志

を生み出すうえで自己責任は欠かせません。

なんの責任もなく、上司からの命令だけで働く不自由な職場では、やる気が生まれることはありえないからです。

自分で工夫し、試行錯誤を重ねながら夢に向かって進んでいくとき、人は自分の能力を最大限に高めることができます。

自律性アップの工夫① チーム編成

プロジェクトチームで自律性が発揮される

異質な人材が集まるプロジェクトに参加する

プロジェクトチームへの参加は自律性が養われ、やる気も湧く。
できるだけ異質なダイバーシティ型チームのほうが力を発揮できる。

同質なチームワーク
同じ知識
同じ技術
同じ価値観
目立たないようにじっとしていよう…
モジモジ
固定化
未分化

一丸となって働く＝自分を抑える

同質なチームでは、出る杭は打たれやすい。目立つと仲間外れにされたり、足を引っ張られたりすることも。自律性は育ちにくい。

どんなときにやる気が出たかという質問をすると、「プロジェクトチームに参加したとき」という答えがよく聞かれます。「チーム」というと、自律よりも協調性が求められるイメージがありますが、実はプロジェクトチームは、従来のチームとはまったく異なる組織編成です。

従来のチームワークでは、同じ知識や技術を持つ人が一丸となって「同質なチーム」を組んでいました。けれども、現在のように創造性が求められる時代には、個性のない同質なチームからいい仕事は期待できません。

異質なチームワーク

比較優位な能力を個々に発揮

異質なチームでは、メンバーが固定化しない、各々の個性で勝負できるため、存分に力を発揮できる。

これに対してプロジェクトチームは「異質なチームワーク」。各々が知識や技術を持った専門家としてチームに参加するため、自律的に仕事ができてやる気が出ます。さらに、個性による相乗効果で、生産性も上がります。

やる気のツボ 異質なチームワークは女性が活躍しやすい

異質なチームワークは、女性の活躍の場を広げるメリットもあります。各々が専門家としてチームに参加するので、性差による差別が減ります。

仕事が分化され、評価も透明になるので、自分の仕事に集中しやすくなります。成果さえ出せば働き方は自由になることも多く、フレックスタイムもとり入れやすくなります。

自律性アップの工夫②　自営感覚

労働時間を調整する自由を与える

トータルでワーク&ライフを調整する

**やる気を上昇させるにはワークライフバランスでは不十分。

裁量権まで社員にあるワークライフオートノミーが理想。**

ワークライフバランス

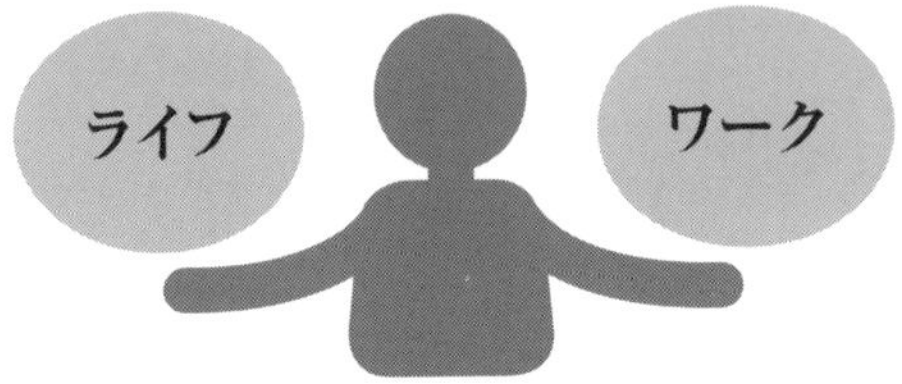

残業なしで定時まで仕事をする。有給休暇もきちんと取得し、
仕事とプライベートの時間が釣り合っている。

ワークライフオートノミー

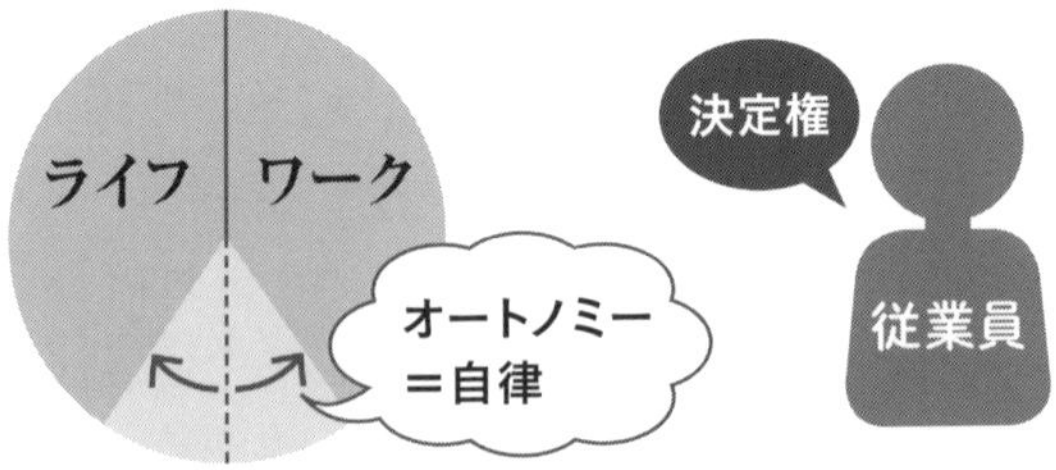

本人の裁量によって、ワーク、ライフを自律的に調整する。
その際、従業員側に時間配分の決定権がある。

　自律的に働くには時間的自由が不可欠。ワークライフバランスをアピールする企業も増えてきましたが、多くは時間配分の決定権が会社にあり、従業員の時間的自律には至っていません。

　本当の時間的自律はワークライフオートノミーといって、時間配分を自分で調整できるしくみです。たとえばフレックスタイム制のように出退社を自分で決定できる制度であれば、私用や仕事の進み方次第で、自由に早帰りや残業を決められます。

　専門性の高い特定の職種では、みなし労働時間を算定し、配分

自分の裁量で仕事をするための労働時間制

ワークライフオートノミーには、従業員の都合で時間調整できる制度が必要。必要に応じて残業したり、早めに切り上げたりできるようにするといい。

フレックスタイム制

1日の労働時間の長さを決めず、1か月以内の総労働時間を定め、その範囲内で各労働日の労働時間を従業員自身で決める。

7:00〜10:00	10:00〜12:00	12:00〜13:00	13:00〜15:00	15:00〜19:00
フレキシブルタイム	コアタイム	休憩	コアタイム	フレキシブルタイム

フレキシブルタイム：労働時間を選択することができる。

コアタイム：必ず勤務するべき時間帯。

※割増賃金の未払いや過重な長時間労働等の問題が生じやすい。会社側はタイムカードなどで労働時間を管理する。

裁量労働時間制

企画立案などを行うホワイトカラーの職種が対象。みなし労働時間で労働時間が計算され、業務遂行の手段や時間配分の決定が任される。

〜5:00	5:00〜22:00	22:00〜
深夜労働	みなし労働時間	深夜労働

深夜労働：22:00〜5:00までは深夜労働の対象となる。

みなし労働時間：1日の労働時間を8時間と定めると、それ以上でも以下でも8時間で計算。

※休憩、深夜業、休日、年次有給休暇などは排除されない。契約の有効期限は3年が望ましい。

所定外労働 × 事前承認制

事前に承認を得て、残業などの所定外労働を行う。申請手続きを行わなければならないので、残業抑制効果はある。

〜9:00	9:00〜12:00	12:00〜13:00	13:00〜18:00	18:00〜
所定外労働	就業時間	休憩	就業時間	所定外労働

所定外労働：早朝、深夜など、勤務時間外の労働。この時間帯に仕事をするときは事前申請が必要。

※裁量権が与えられておらず、自律的ではない制度。やる気アップ効果も他より低い。

は本人に任せるという「裁量労働時間制」もあります。固定時間で残業ゼロ、残業に事前承認を課す「所定外労働×事前承認」の制度にも残業抑制効果はあります。ただ、自律性が低いためやる気は上昇しません。

やる気のツボ　川下管理の成果主義は制度を変えてこそ意味が出る

各々の自律性を保持しながら仕事をさせるには、成果つまり「川下」での管理が効果的(P45参照)。管理の目的は生産性を高めることですから、評価を処遇につなげる必要はありません。仕事の成果やプロジェクトチームの担当内容を公表するなど、社内に川下管理の制度をとり入れれば、やる気が上昇するだけでなく公正な評価にもつながります。

自律性アップの工夫③　キャリア形成支援

キャリア形成の見通しが立つ仕事を与える

会社側がキャリア形成のプランを提案する

40代までに独立も視野に入れたキャリア選択のチャンスを与える。
独立を希望する場合は支援を行う。

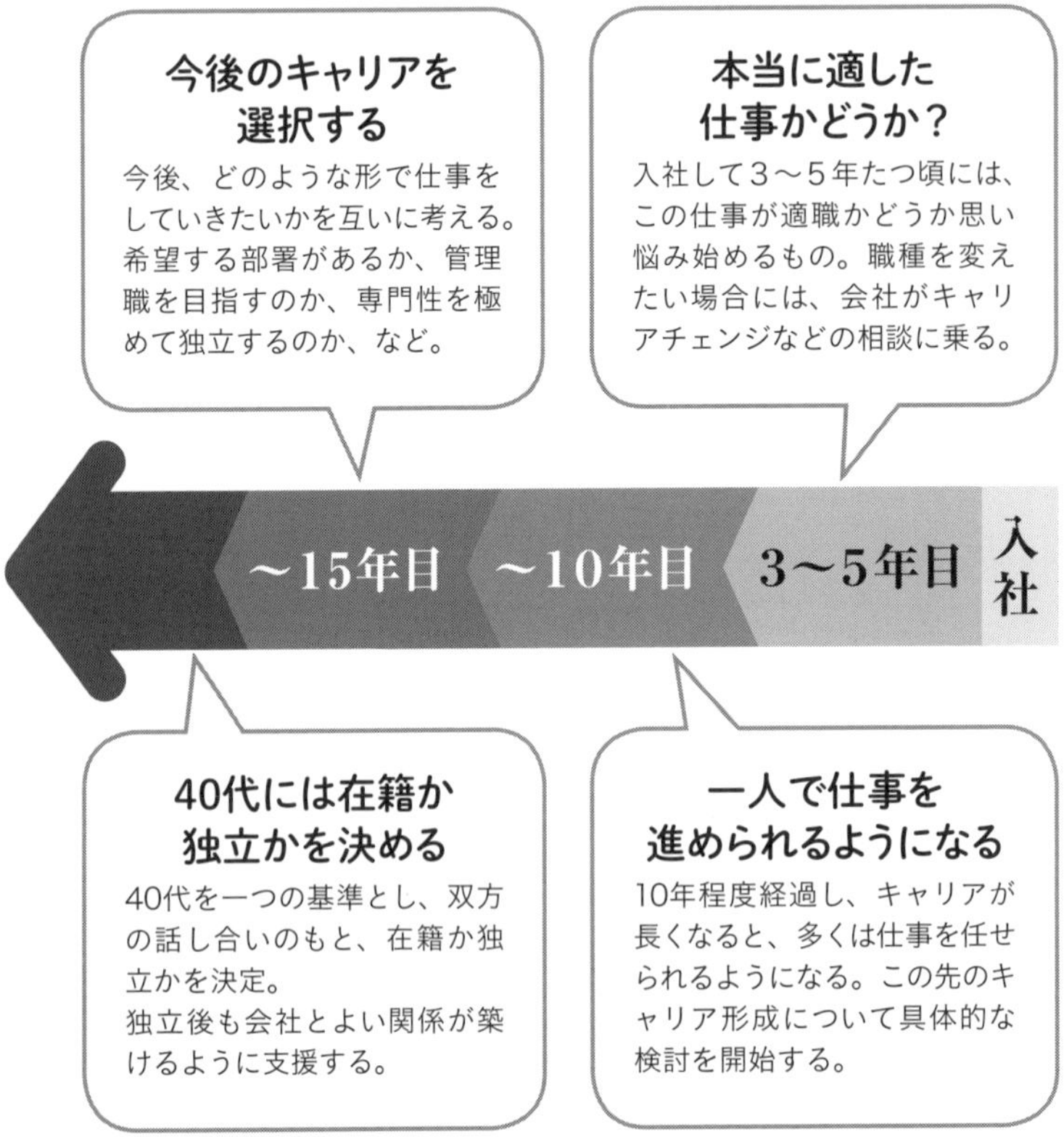

入社
3〜5年目
〜10年目
〜15年目
本当に適した仕事かどうか？
入社して３〜５年たつ頃には、この仕事が適職かどうか思い悩み始めるもの。職種を変えたい場合には、会社がキャリアチェンジなどの相談に乗る。
一人で仕事を進められるようになる
10年程度経過し、キャリアが長くなると、多くは仕事を任せられるようになる。この先のキャリア形成について具体的な検討を開始する。
今後のキャリアを選択する
今後、どのような形で仕事をしていきたいかを互いに考える。希望する部署があるか、管理職を目指すのか、専門性を極めて独立するのか、など。
40代には在籍か独立かを決める
40代を一つの基準とし、双方の話し合いのもと、在籍か独立かを決定。
独立後も会社とよい関係が築けるように支援する。

自律性を高めるには「キャリア形成の見通し」も欠かせません。将来像を描くことができれば、キャリアアップのためになにをすればいいのかもわかり、意欲的に努力できるからです。

社内公募制度や社内ＦＡ《フリーエージェント》制などチャレンジできる制度を整え、会社がキャリア形成を後押ししているシグナルを送ることは大事です。社内だけではどうしても限界がある場合には、独立支援のシステムを作るのも効果的です。会社の外に目標を置くことでキャリアが青天井となり、やる気を最大限高めるこ

支援をするほどWin-Winの関係が築ける

**キャリアを青天井にすることが最大のモチベーションアップにつながる。
支援をアピールすることで企業イメージもアップし、いい人材を集められる。**

Win

意欲のある人材を採用できる

青天井のキャリア形成支援をアピールポイントにすることで、より優秀な人材を集めることができる。

Win

もともとモチベーションが高い

将来のキャリア形成について真剣に考えている、潜在的にモチベーションが高い人が多い。

Win

将来仕事のパートナーになるかもしれない

会社と従業員とのあいだに信頼関係が生まれる。独立・退職後も仕事上のパートナーになる可能性が高い。

Win

損得抜きでがんばる

雇用の保障、転職・独立の支援により、将来の不安は払拭。やる気が上昇し、一生懸命働くことができる。

とができます。

独立志向の人はやる気も高く待遇にかかわらず意欲的に働きます。社内に活気も生まれ、会社にはプラス。独立後も会社のよきパートナーになれば、Win-Winの関係を保てます。

モチベーションを上げるおもな公募制	
社内公募制	ポストの要件を従業員に明らかにし、公募。応募者から登用。
役職立候補制	役職に立候補し、研修などを受け、役職候補の資格を取得。
社内FA制	従業員が自分の能力を売り込み、希望するポストに登録。

外向き志向とは

組織の外を向くとやる気の浪費を防げる

役職の選ばれ方が内向き志向を作る

役職の数や、人事権の所在、またポストをめぐる従業員同士の関係性が、従業員の志向を内向きか外向きかに大きく左右する。

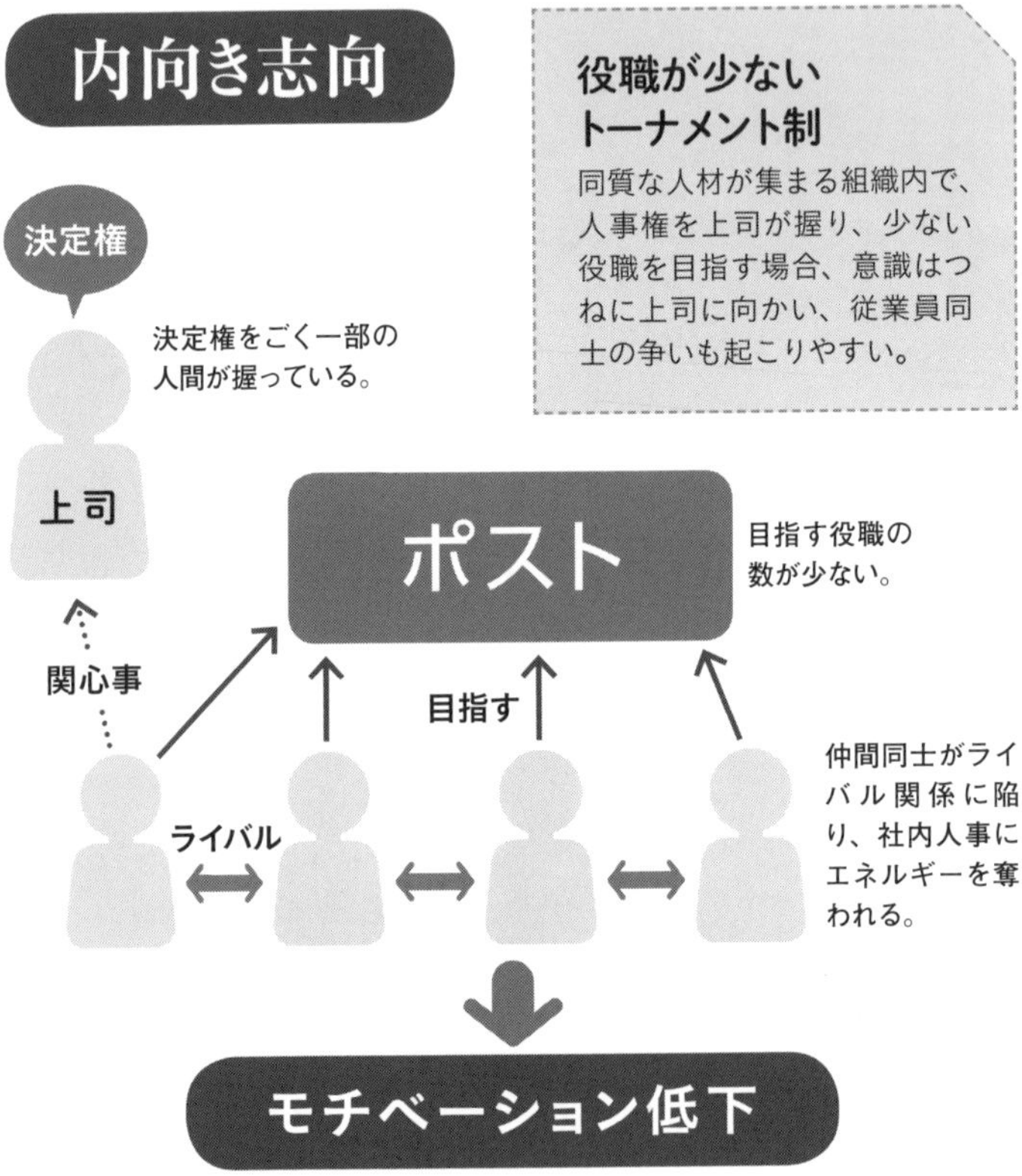

内向き志向
役職が少ないトーナメント制
同質な人材が集まる組織内で、人事権を上司が握り、少ない役職を目指す場合、意識はつねに上司に向かい、従業員同士の争いも起こりやすい。
決定権
決定権をごく一部の人間が握っている。
上司
ポスト
目指す役職の数が少ない。
関心事
目指す
ライバル
仲間同士がライバル関係に陥り、社内人事にエネルギーを奪われる。
モチベーション低下

自律とともにハイ・パフォーマーに欠かせない要因は「外向き志向」です。

一般に社内の昇進は「ゼロサム」、つまり誰かが得すると誰かが損するしくみになっているもの。その結果、内部の競争でやる気を消耗しがちです。

能力を発揮させるには、意識を外向きにシフトすることが不可欠です。

まずゼロサムを崩すこと。昇進の形を多様化して役職のとり合いをなくす、社外から人材を登用するなどして、社内の無駄な競争を断ち切ります。すると

外向き志向

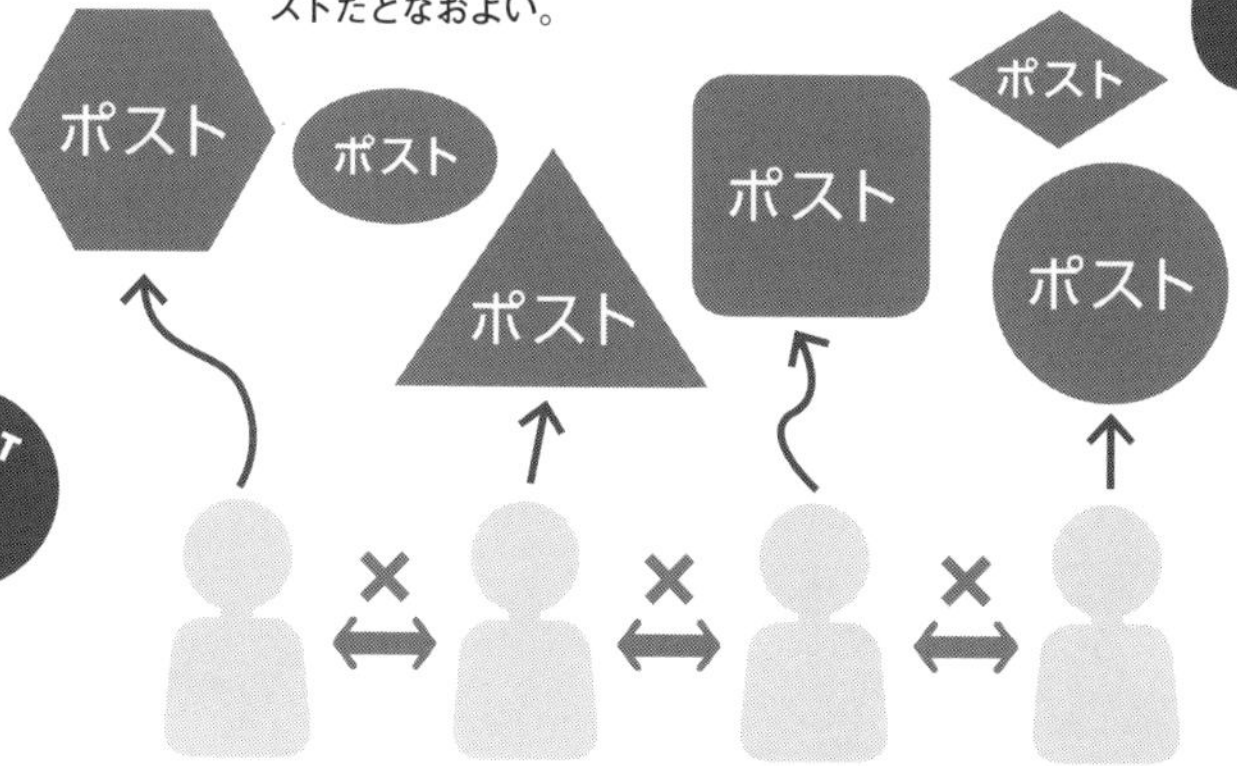
役職の種類が多種多様。比較されにくいポストだとなおよい。
ポスト
ポスト
ポスト
ポスト
ポスト
ポスト
目指すポストが多様なので争いが起こりにくい。

ポストが複数ある

ポストが複数用意されていると、仲間同士の争いは起こりにくく、ポストへの執着や関心も薄れる。

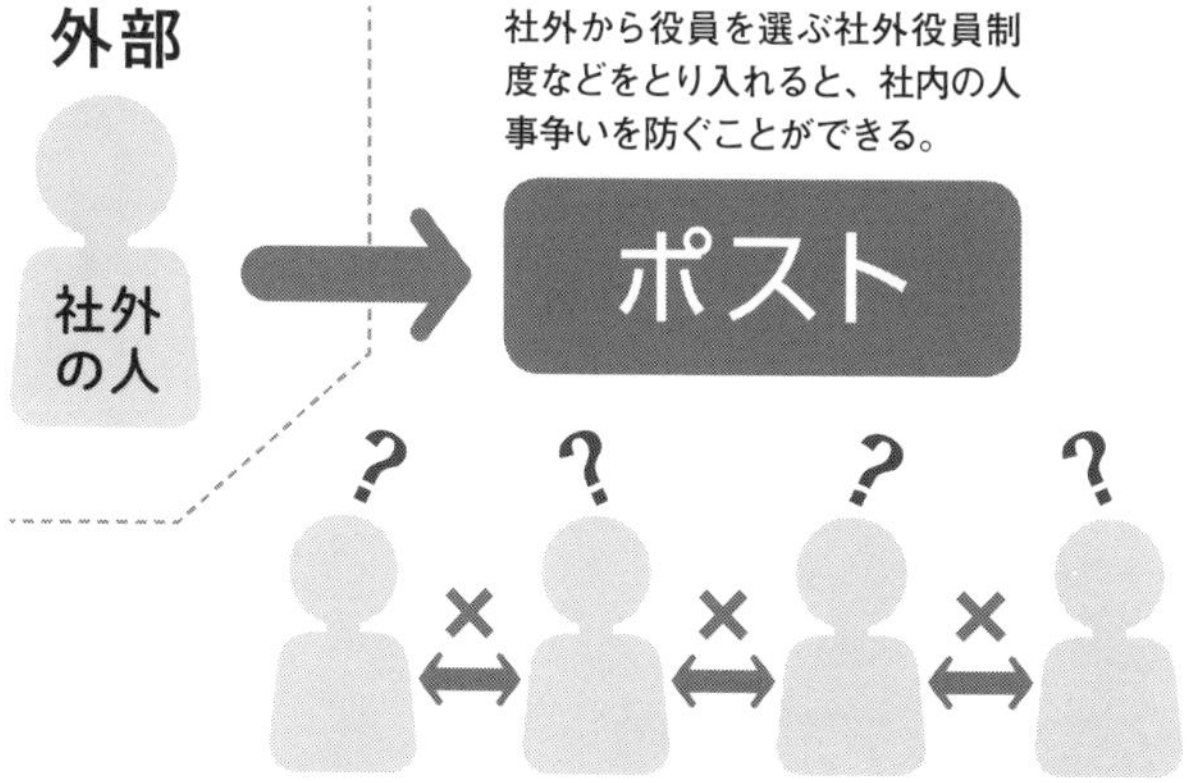
外部
社外の人
社外から役員を選ぶ社外役員制度などをとり入れると、社内の人事争いを防ぐことができる。
ポスト
自分たち以外の人間がポストにつく可能性があるので、ライバル関係になりにくい。

外部から就任することがある

組織の外の人間がポストに就任するシステムが採用されると誰がポストにつくか、仲間同士でも予測がつかなくなる。争いは起こりにくい。

従業員の関心は自然と外向きになり、顧客や市場の動きなどに意識が働くようになります。

外向きになると足の引っ張り合いがなくなり、同じチームのメンバーの成功を心から喜べるようになります。そして、それを刺激として自らのやる気を高める好循環が生まれます。

仲間同士の内向きの争いごとは、モチベーションの浪費にしかなりません！

外向き志向アップの工夫① 名前と裁量権

責任を持たせたうえで外に送り出す

シグネチャーポリシーで仕事をさせる

積極的に外向き志向で仕事をするには、下準備が大事。
裁量権を与え、名前と顔を出させることで責任感が生まれる。

外向き準備OK

顧客や取引先と顔を合わせてコミュニケーションをとらせる。

アイデアを出す、交渉する、書類を作成する……あらゆる場面で本人の名前を出させる。

上司の判断を仰ぐべき点とそれ以外とに線引きをし、ルール化する。その場で決定する権限を委譲。

本人の名前で、相手と対面して物事を決定できるようになると、自ずと責任感が生まれる。

外向き志向を促すには、社内の競争を断ち切ると同時に、積極的に意識を社外に向けさせるしくみが必要となります。ただし、しくみが機能するには、準備も必要。具体的には①名前を出す②裁量権を与える③責任を持たせる、この三つです。

たとえば新聞の署名記事やデザイナーズブランドのように、自分の裁量でした仕事が自分の名前と責任で外に送り出されることになれば、よりよい仕事をしたいという思いは強くなります。これを「シグネチャーポリシー」と呼びます。

異なるメンバーとの集まりに積極的に参加させる

外向き志向の下準備ができたら、これまでと異なるメンバーとの集まりに参加させる。他部署や社外のメンバーの存在が刺激となり、やる気が湧く。

社内の研究会

社内でも、違うチームや部署の従業員たちでメンバーが構成されている研究会や勉強会に参加させる。

プロジェクトチーム

一つのプロジェクトのもと、チームや部署を横断し集められたメンバーからなるチームで仕事をさせる。

業界団体の活動

業界団体の活動に参加させ、同業他社の人々と親交を深めさせる。団体の行事や広報活動などに参加を促す。

他社とのジョイントイベント

価値観や企業文化の異なる他社の従業員と合同で行うプロジェクトや、期間限定のイベントなどに参加させる。

やる気のツボ

シグネチャーポリシーでアイデア元を明らかにする

シグネチャーポリシーとは、個人の裁量で行われた知的生産物には基本的に名前を入れる、という方針です。あるメーカーでは、自分の組み立てた製品にネームプレートをつけることで格段に社員のやる気が上がりました。社内文書一つでも、提案者の名前を入れるだけで意欲は確実に高まり、能力を最大限引き出す効果があります。

「外向き」は社外に限りません。他部署との研究会やプロジェクトチームへの参加でも、これらの条件がそろえば、がんばろうという気持ちが湧いてきます。

こうした活動を推奨するとやる気は高まります。

個々が専門家になり、スキルを出し合う

社内でも作れる"やる気チーム"

**チームを編成するときは、メンバー個々の専門性を重視する。
個々に役割を与えることで、モチベーションを引き上げる。**

専門家チーム編成

メンバー一人ひとりが専門家に。集まったときに、それぞれが知識や個性を発揮する。力を発揮できる環境なら、互いの能力を出し合いたいという気持ちが芽生える。

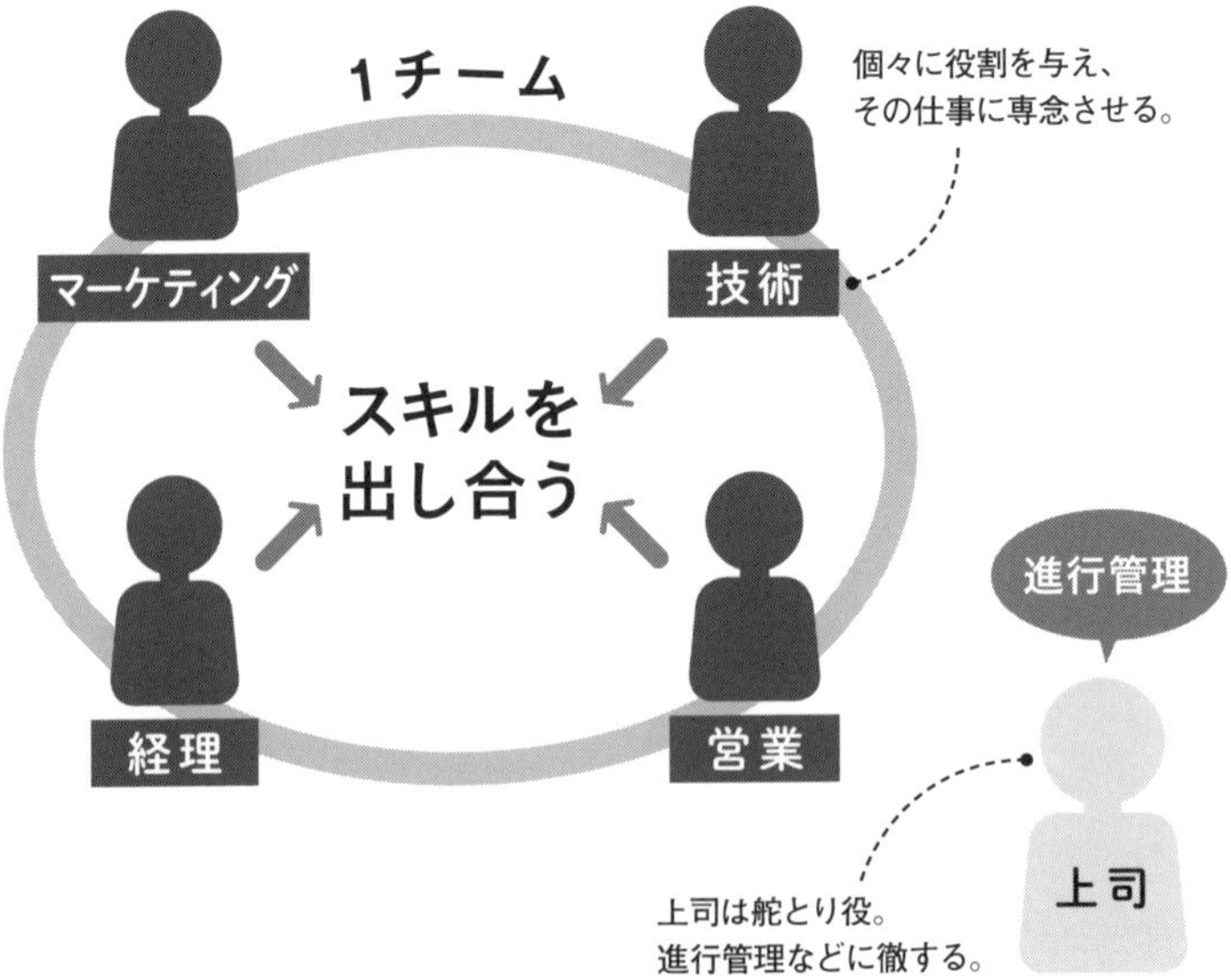
1チーム
個々に役割を与え、その仕事に専念させる。
マーケティング
技術
スキルを出し合う
経理
営業
進行管理
上司
上司は舵とり役。進行管理などに徹する。

外向き志向を機能させ、うまく定着させるには、チーム編成の見直しが必須です。プロジェクトチームの方針を基本とし、個々を自律した専門家として参加させます。

カギは、隔離と相互作用。通常はチームから離れて専門家としての研鑽を積み、必要に応じてチームに参加することで、相互作用が高まります。上司は、川下で成果をチェックしながら全体の進行管理を務めます。

チーム編成の見直しは、大きな構造改革を行う必要もなく、すぐに実践できる利点がありま

派遣システム

会社全体でとり組む場合は各専門部署でグループ化。派遣のようなシステムを作る。一つのプロジェクトごとに専門部署からメンバーが派遣される形で集合する。

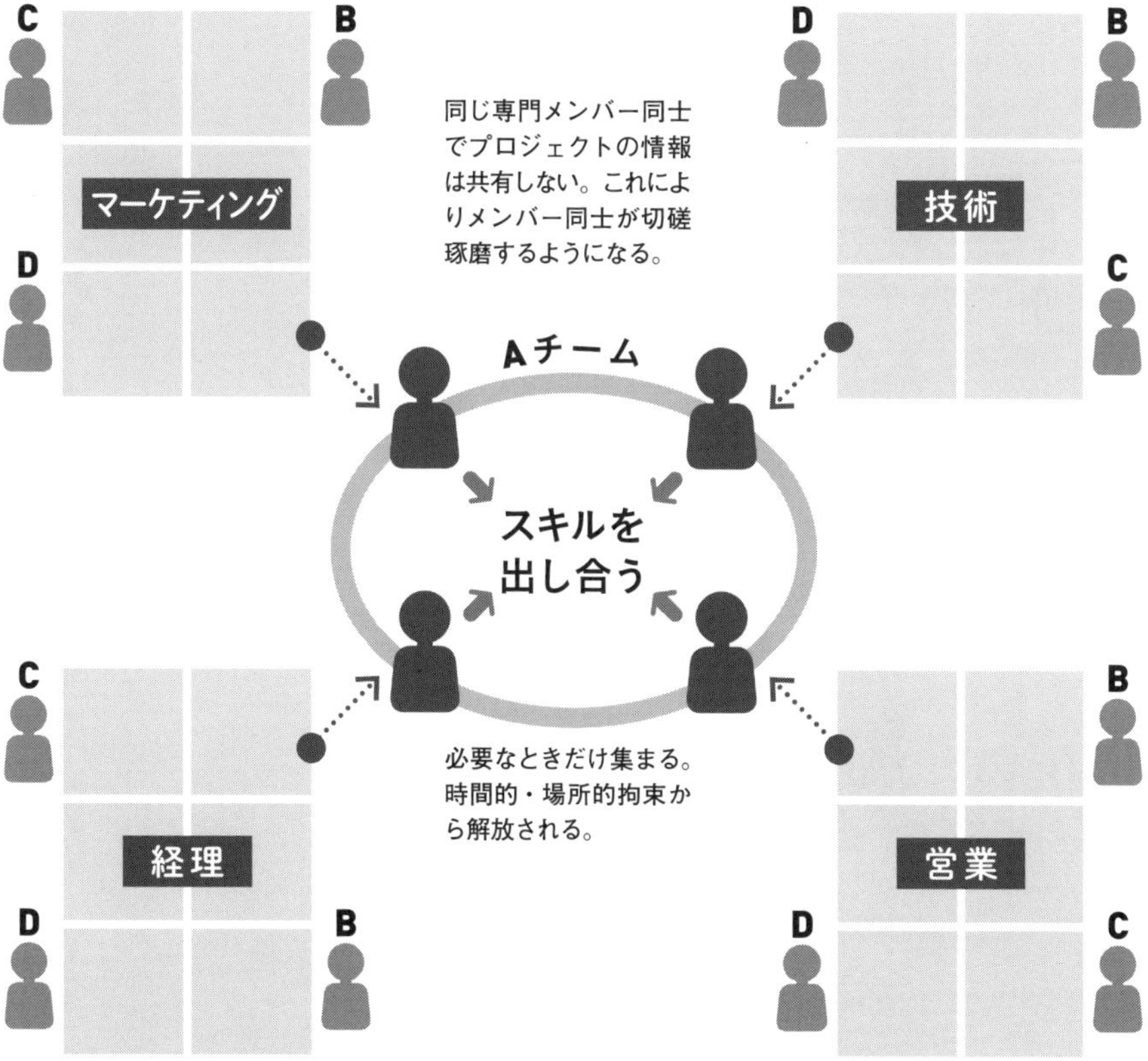
マーケティング
C
B
D
技術
D
B
C
経理
C
D
B
営業
B
D
C
Aチーム
スキルを出し合う
同じ専門メンバー同士でプロジェクトの情報は共有しない。これによりメンバー同士が切磋琢磨するようになる。
必要なときだけ集まる。時間的・場所的拘束から解放される。

す。会社全体で行う場合は、営業や経理、技術など各部門でグループを作り、そこからチームに派遣をするシステムを作ると、各部署で切磋琢磨が可能となり、専門性を深化させることができます。

やる気のツボ

やる気が高まる ジグソー学習理論

「隔離」と「相互作用」を用いたチーム編成は、社会学のジグソー学習理論を応用したものです。一つの文章を三つに切り、各々がそれぞれの部分を持ち帰って勉強したあと、成果を持ち寄って全体像を検討する、ジグソーパズルのような学習法。

個々の専門性を深化させながらチームに反映させることでやる気も相乗効果もアップします。

承認チャンスとは

認められる機会がやる気のきっかけになる

正しい情報に基づいてフィードバックする

「承認」は鏡のようなもので、やったことへのフィードバックである。
承認機会が多いほど、フィードバックの機会が多く、達成感を得られる。

客観的で正しい事実情報に基づいた承認によりやる気が湧く。
事実が歪められた状態で認められても、やる気は湧かない。

やる気に満ちて成果をあげている人は、「承認」、つまり人に認められる機会に恵まれています。社内外を問わず承認され、やる気を生み出し、ハイ・パフォーマンスにつなげています。

承認とは、鏡のようなもの。鏡がなければ自分の姿が見えないように、人から承認されなければ、自分のよさはわかりません。成果をあげても、その価値を実感しにくいこともあります。

承認されることが多ければ多いほど達成感を覚え、自己効力感ややる気が高まります。同時に、帰属する集団に対する愛着

承認により仕事への意識や感覚がよりよく変化

**承認はあらゆる欲求と結びつき、自信とやる気を与える。
意識や感覚も変化し、前向きに物事にとり組めるようになる。**

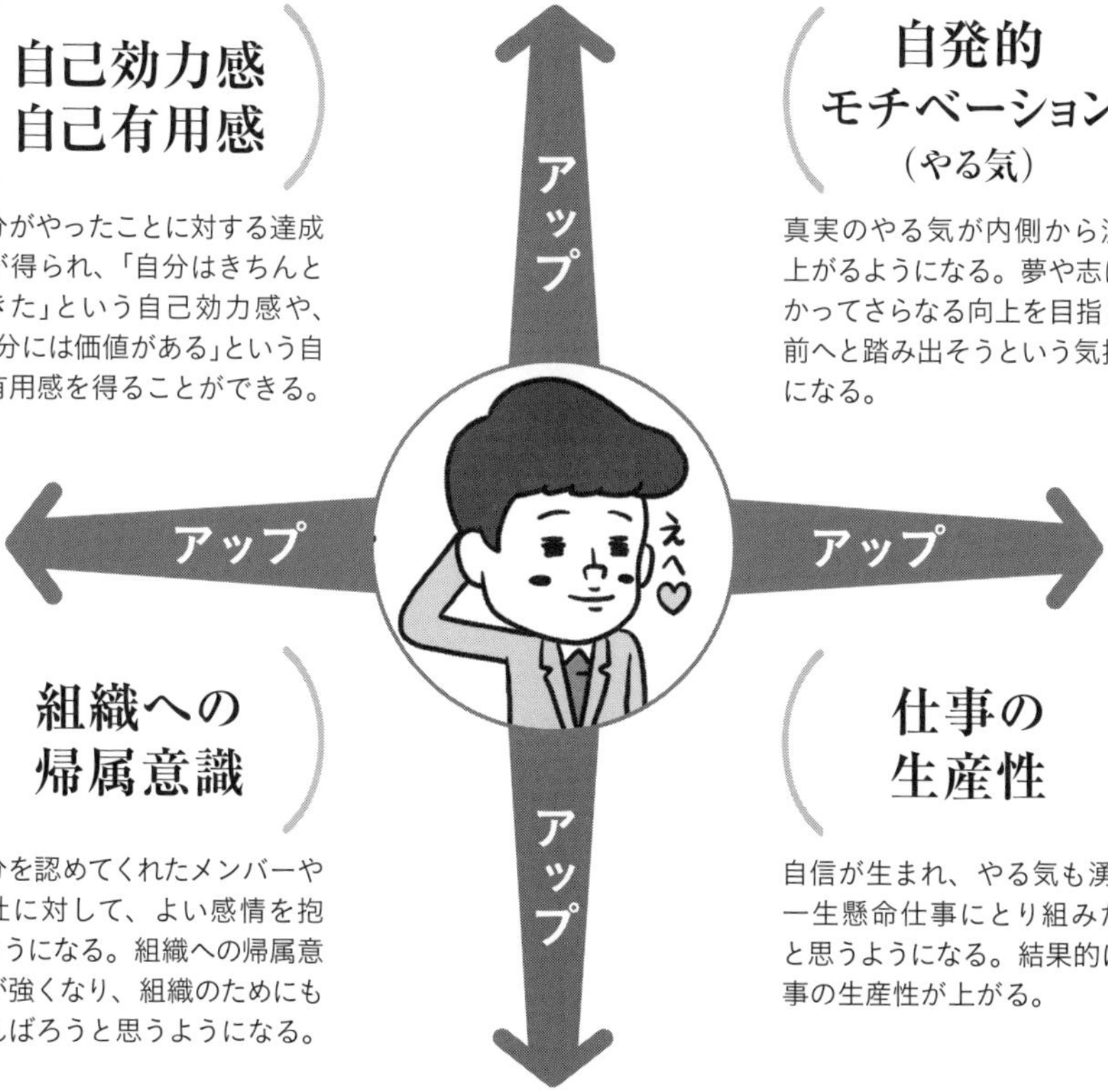

自己効力感 自己有用感

自分がやったことに対する達成感が得られ、「自分はきちんとできた」という自己効力感や、「自分には価値がある」という自己有用感を得ることができる。

自発的モチベーション（やる気）

真実のやる気が内側から湧き上がるようになる。夢や志に向かってさらなる向上を目指して前へと踏み出そうという気持ちになる。

組織への帰属意識

自分を認めてくれたメンバーや会社に対して、よい感情を抱くようになる。組織への帰属意識が強くなり、組織のためにもがんばろうと思うようになる。

仕事の生産性

自信が生まれ、やる気も湧き、一生懸命仕事にとり組みたいと思うようになる。結果的に仕事の生産性が上がる。

も湧いてきます。

ただし、鏡はあくまで姿を正しく映し出す必要があります。上司の主観ではなく、数字や具体的事実を示したり、顧客の感謝の言葉を伝えたりして、客観性に基づく承認が重要です。

やる気のツボ

「ほめ」が逆効果になる？ アンダーマイニング効果

心理学のアンダーマイニング効果によると、仕事そのものに魅力を感じているときに、金銭など外的報酬が与えられると、そちらに関心が移ってやる気が低下することがあるといいます。

「ほめられた」という意識がやる気を削ぐことさえあります。これを防ぐためには、客観的情報で過不足ない承認を与えることが大切です。

承認チャンスアップの工夫① 上手にほめる

上司以外にほめられるとやる気がアップ

関係性が薄いほどほめ効果は高まる

承認チャンスをアップさせることと、外向き志向はセットである。外に出ていき、他部署や取引先、顧客に認められるとやる気は最大に。

本人の名前で、対面して仕事をさせるなかで、相手にほめられることが大切。

田中一郎

田中くん
よくやっとるわー
助かるわー
いいわよ！

顧客・取引先のほめ　＞　上司のほめ

先にハイ・パフォーマーの要素の一つに「外向き志向」をあげましたが、これは「承認」と一体をなします。

というのも「承認」は、直属の上司からほめられただけではそれほどの効果はなく、取引先や顧客など関係性の薄い人に認められるほど、その効果が高まるからです。

つまり、自分の名前を出して裁量権と責任を与えられて社外で働いたとき、その仕事が承認されてはじめて自己効力感が最大となり、やる気もアップするというわけです。

モチベーションを最大限に引き出す

上手なほめ方

オッ!
できたね〜!

小さなことから

小さなことでもすぐその場でほめて自信を持たせ、徐々にほめる回数を減らしていく。自己評価の軸が持てるようになる。

とりあえず
やってみよう

行動を後押し

新人や消極的な人には、行動を促すことが先決。成果が出なくても行動を後押しし、行動したこと自体を評価する。

よし、
では次は……

現在進行形で応援

慢心しやすい人には、現在進行形で応援する。「ここまでできたのだから、次の目標は……」と、つねにその先を示す。

よく
挑戦したな!

仕事内容に応じて

モチベーションが低く、なにごとにもチャレンジしたがらない相手には、たとえ失敗しても、挑戦したこと自体をほめる。

やる気を引き出すときに、もっとも手っとり早いのは「ほめること」です。

しかし、誰に対しても同じほめ方をしていては、モチベーションは引き出せません。

相手の立場やキャラクター、そのときの精神状態を考慮しなければなりません。ほめる側に必要なのは、観察眼。この人はどんなタイプだろう、どんなほめ方をしたらいいだろうと、いつも考えなければなりません。

尻込みするタイプには、一歩動き出したタイミングでほめたり、慢心するタイプには次の課題を提示しながらほめたり。仕事の難易度や内容によって承認の仕方も変える工夫が必要です。

承認チャンスアップの工夫② 顕彰型表彰制度

公式表彰制度でほめどころを逃さない

表彰制度も、効果的な承認方法です。賞によって会社のメッセージを発信しながら、社員の心を活性化することができます。表彰には顕彰型、奨励型、HR型があります。もっとも権威があるのは顕彰型です。

　社長賞やMVP賞など、とくに高い業績をあげた個人や部署に与えられる賞です。昇進にも関わるので承認効果が高い反面、やっかみも生じます。

　これを防ぐには、受賞の機会を公平にすること。業績への貢献となると研究部門に偏るなど、不満も生じがちです。

重要度の高い表彰は公平性と演出が大事

顕彰型表彰制度では高い業績をあげた個人、チームに賞を与える。
賞状や賞品、祝賀の仕方などでモチベーションは飛躍的にアップする。

賞状には功績を明記する

賞状の文言は、紋切り型ではなく、その人がなにをしたことでたたえられるのかをきちんと明記する。

物語性を持たせた演出をする

表彰時には、ストーリー性を持たせながら功績を語る。一つの成功のモデルケースとして本人も周囲も物語を共有できる。

副賞は特別休暇か身につけるもの

特別休暇など、誰もが自分も欲しいと思えるものを副賞に。目にするたびに表彰の誇りを感じられるように、身につけるものでもよい。

会社の創立記念日や
忘年会など
メモリアルな日に
開催するのが
おすすめです！
選考プロセスは
公平・透明に
なぜこの人が選ばれたのかをできるだけ客観的に示せるようにする。数値化された基準や複数の選考人による投票など、公平・透明であればやっかみも起こりにくい。
異なる基準の複数の賞を設ける
賞は一つではなく複数用意し、受賞のチャンスを増やす。ただし賞の性質は多様に。選考基準が異なる賞が望ましい。
社史や社内報に
名前を掲載する
受賞者の名前は、社史などに残す。授賞式の様子、受賞者のコメントなどを社内報などで広く報告する。

あらかじめ対象となる部署を明記して不要な嫉妬心を生まないことや、基準の異なる賞を複数作るなどの対策も必要です。

また、選考基準を明確にし、プロセスを公表するなど、透明化の徹底も図るようにします。

やる気のツボ

「実」は受賞者本人に、「名」はサポーターに与える

表彰された人を支えてきた「サポーター」にも恩恵が及べば、表彰効果はさらに波及します。

ある会社では表彰時、それまで世話になった人の名前をあげてもらい、楯を贈るといいます。いわば「実」は本人に「名」はサポーターにという制度。支えてきた人も認められたという満足感を得て、素直に表彰を喜ぶことができるのです。

承認チャンスアップの工夫③ 奨励型表彰制度

表には出てこないがんばりを認める

目立たないところで会社を支える社員は、奨励型で表彰します。たとえば経理一筋で、地味な仕事をコツコツと続けてきた社員は、努力賞や奨励賞で表彰します。努力すれば認められるという信頼感が生まれ、やる気につながります。

受賞者は数が多くても構いません。個人に限らずチーム全員を対象にしてもよいでしょう。

このタイプの社員は自己顕示欲があまり強くない人も多いので、あらかじめ受賞の内容などを伝え、さりげない形で表彰したほうがいい場合もあります。

ノンエリートをたたえる

顕彰型で表彰されるエリートだけでなく、ノンエリートをたたえる。地味な仕事でもコツコツがんばることに誇りを持てるようになる。

受賞者は多く、全員でも構わない

コツコツ努力する人であればできるだけ多くの人が受賞できるようなしくみを作る。管理者が加点方式で部下を見る風土も生まれる。

表彰式の計画、広報の予定を伝える

名誉欲、自己顕示欲が強くないタイプは、サプライズ的に表彰され他人に注目されるのが苦手。あらかじめどんなふうに表彰されるかを知らせておく。

隠しごとをしない、ほめ合える環境を作る

**会社から従業員へのメッセージとして表彰を使う方法がある。
チャレンジや失敗をたたえ、積極性を引き出す賞を設けるのもいい。**

＼ チャレンジを促す ／

チャレンジ表彰

成果や結果ではなく、新しいことにチャレンジしたことを表彰する。新規開拓、新規事業、また長年の組織の課題にとり組んだことなど。

大失敗賞

前向きな挑戦をしたにもかかわらず、失敗した人をたたえる。たとえ失敗で会社に迷惑がかかっても、萎縮せずに新しい挑戦を促すことができる。

ミス申し出賞

ミスをしたとき、自ら申し出た人を表彰する。正直であること、隠しごとをしないことを重視する風土を作る助けに。コンプライアンスの徹底にもつながる。

＼ 自己申告・他者申告 ／

自己申告型表彰

自己申告で賞にエントリーするシステムを設ける。自分や、自分たちのチームで、どのような努力をしているのか、広くアピールするチャンスとなる。それが認められることで、大きなモチベーションアップが期待できる。

他者申告型表彰

上司や管理職からの推薦だけでなく、他の従業員たちの推薦や、顧客や取引先から寄せられるアンケートなどによって受賞者を決める。受賞者は、自分の努力を不特定多数の人が認めてくれたことを励みに、やる気を出すことができる。

承認チャンスアップの工夫④ ＨＲ型表彰制度

ゲーム感覚で軽い表彰をとり入れる

職場の雰囲気をよくすることを目的とするのがＨＲ（ヒューマンリレーションズ）型表彰です。外食産業や小売、サービス業などアルバイトや若い社員が多い職場で、軽いノリで互いを表彰し、楽しく盛り上がろうというものです。

たとえば、ある航空会社では客室乗務員同士が互いの仕事に賞賛のカードを贈り合い、そのポイントによって本部から表彰されたり、ある鉄道会社では、乗客から感謝された人に会社のマーク入りネクタイピンが贈られたりするそうです。

楽しみながらお互いをたたえる

HR型の表彰では、気配り、工夫などちょっとしたことをたたえる。やる気アップだけでなく、職場の人間関係や雰囲気がよくなる。

効果1
人間関係が円滑になる
従業員同士が、ライバル関係からお互いに賞賛し合う、円滑な関係性に変わる。

効果2
離職率が低下する
気軽に承認されることで、職場が居心地のいい空間へと変わるため、離職率も低下する。

ハイ、ありがとう
わーっ!!
承認する側も気分がよくなり、前向きな気持ちになる。
他人からほめてもらえば、自然とやる気が湧いてくる。
サンクスカードなど、感謝を表すしるしをゲーム感覚でお互いに気軽に贈り合う。

副賞は5000円以下にとどめるのがベスト

**顕彰型とは違い、気軽なHR型は短期間で表彰できる。
副賞は5000円以下の低額のもので。数多く贈るほうが効果的。**

ネクタイピン
スーツを着用する男性なら日々使用できる。
身につけるたびに、誇らしい気持ちになることができる。

ボールペン
ボールペンは打ち合わせ時、相手の目につくアイテム。高級感あるビジネス仕様のものを贈る。

名刺入れ
営業職の人などにはベスト。営業先で名刺を出すときに、いつも表彰されたことを思い出すことができる。

会社のロゴ入りノベルティグッズ
会社のロゴなどが入ったオリジナルのノベルティグッズを贈る。愛社精神を養う効果もある。

社長と食事
社長と食事をし、話す機会を与える。
会社の方針や社長の人柄がうかがえ、また本人の希望も直接伝えられる。

ペア食事券
ペア食事券は、本人だけでなく、家族やパートナーなどプライベートを支えている人もたたえることができる。

芸術鑑賞券
美術展や映画、舞台などのチケットを与える。本人の見聞を広げ、知的活動をサポートする効果もある。

1000〜2000円の菓子
所属するチームで楽しめるように菓子を贈る。仲間も喜び、本人に感謝するため、効果は倍増。

ポイント制にして旅行券
高額賞品を与えるときは、承認をポイント制にする。一定数たまったら、たとえば旅行券などを贈る。

楽しく仕事をするための賞なので、査定には結びつけず、賞品も安価なものに。企画運営も現場に任せることで、高校の文化祭のような感覚で楽しむことができ、職場の一体感が強まることも期待できます。

やる気のツボ

誕生日、慶事を祝福すると本人も周囲もやる気アップ

会社によっては、社員の誕生日や成人式、結婚などおめでたい記念日を、社員みんなで祝うところもあります。
人は個人的な記念日を祝福してもらうと、大切にされているという感覚を持つことができます。同僚ばかりか会社全体に対しても、いいイメージを抱くようになり、自然にやる気も湧いてきます。

Column

プロフェッショナルの特殊なモチベーション

サービス内容を正確に評価できる人の承認が重要

相手をほめる、報酬を与える、表彰するなどの「承認」を意識的にとり入れると、働く人たちがどのように変化していくのか？　公益企業、サービス業、派遣社員、看護師を対象に調査研究を行ったことがあります。

「承認によって働く人のモチベーションは上昇する」と予測していたのですが、例外的な職種がありました。それが看護師です。

多くの職種では、社外、とくに顧客から「承認」されるとモチベーションが上がります。看護師の場合、顧客にあたるのが患者です。ところが患者からの「承認」は、日常的な喜びにはなっても、継続的にやる気を後押しするものにはならなかったのです。

これは看護師という専門性の高い職種の特性と関係しています。サービスの受け手である患者は、専門的な知識がありません。そのため、患者がサービスの中身を正確に評価する存在だとは考えていない看護師が多いのです。

つまり、患者受けがいい看護師が優秀とは限らないということ。患者からのほめ言葉はあいさつのようなもので、根本的なモチベーションにはつながりません。

上級資格を設定し、取得させるなどの工夫も必要

看護師は、自分と同等かそれ以上の専門的な知識・技術を持つ人からの承認が得られるとやる気を出します。同僚や上司、医師に、専門能力、プロとしての貢献を承認されてはじめて、喜びを感じるのです。

看護師以外でも、専門性の高い職種では似た傾向があるといえるでしょう。キャリア半ばでやる気がかれてしまい、バーンアウトも起こしやすいので注意が必要です。

プロとしての力を、プロが認める。さらにキャリアアップとして励みになるような上級資格を設定し、取得させるなどして、やる気を管理しなければなりません。

PART

4

タイプ別
困った部下の
やる気スイッチを
入れる

まず腹を割って向き合い、困った部下の望むところを聞き出す

吐き出させる 》

CHECK 1

当初の夢、志は？

仕事上でもそれ以外でも、どういう動機で仕事をしているのか、夢や志の有無について尋ねる。

CHECK 2

なにに心が揺れている？

ミーティングが、査定とは無関係であることを伝え、やる気が湧かない理由、悩みや不満を探る。

CHECK 3

本人の希望は？

もともとどんな働き方を望んでいたのか、今後、どういうふうに働いていきたいのか、意向を聞き出す。

やる気を最大限に高める方法についてお話ししてきましたが、いくら環境を整えても、やる気が出ない人はいるものです。ほめても叱ってもやる気が出ない部下に、日々頭を悩ませる上司も多いでしょう。

　やる気を上手に引き出すには、その人のタイプを見極めることが大事です。同期入社の新人でも、性格はもちろん、入社の動機や目的、価値観などが異なります。ギラギラした野心を胸に秘めているのか、楽しく仕事が

« 定期的な面談で思うところを

\ SUGGEST 1 /

仕事内容と時間を調整

仕事の難易度を見直したり、勤務時間の使い方を調整したりして、解決できるかどうかを検討する。

\ SUGGEST 2 /

職場環境や給与体系の見直し

場合によっては部署異動や給与体系の見直しなど、人事・総務とともに問題に対処する。

業務時間内に社内で面談

飲み会の席などで話を聞くのではなく、業務時間内に社内のパブリックスペースを利用し、ミーティングの時間を持つ。

上司

困ったことは
サポートするよ

メモをとり、記録を残す

話した内容はきちんと記録を残す。問題点を明らかにし、必要に応じて他部署や他の従業員と相談しながら解決していく。

1か月に1～2回は部下との面談の時間を持ち、本音を聞き出す。モチベーションが低い場合、本人が望むことと、現状の問題点を整理し、解決策を一緒に探る。家庭の事情などについては、上司は理解しても介入せず、終業時間や給与面などで合理的な解決方法を提案する。

できればいいのかなどは、個別に話さなければわかりません。

個別に面談する時間をとり、本音を聞き出す

入社直後の面談で時間をたっぷりとり、仕事に対する本音を聞き出します。最初に理解を深めておくと、指導しやすくなります。部下も、上司が自分の希望を理解してサポートしてくれると思え、やる気が湧きます。

その後も定期的に面談をして、不満や希望、環境の変化なども把握しておきます。もちろん、不必要に介入しないことはいうまでもありません。上司の役割は仕事の管理であり、人間の管理ではないことを、上司も部下も理解しておく必要があります。

上昇志向が強いタイプ

目標を高く設定。道筋を具体的に示す

TYPE

やる気がありすぎて扱いに困る

上昇志向が強く、やる気に溢れすぎて周囲が気圧されてしまうほど。
適度な負荷を与えながら仕事をさせないとやる気が空回りしたり、
不満分子に豹変することもあるので要注意。

特徴

抜擢されたがっている

抜擢されて大きな仕事を任されたいと強く思っている。

特徴

「仕事をさせてくれない」が口癖

「上司は自分の価値がわかっていない」のだと思っている。ちょっとしたきっかけで不満分子に豹変することも。

特徴

他人の仕事ぶりにイライラ

他人より優秀だという自負心が強い。他人の仕事ぶりに腹を立て、イライラしやすい。

SPEC

やる気 ★★★	経験 ★★☆	実力 ★★☆

上司のボヤキ

やる気はじゅうぶんなんだけど、
大きな仕事を任せるには経験不足。
どう扱ったものか……。

思い切ってやらせ、成功するようにサポート

**若くても上昇志向が強いタイプは、早めに仕事を任せるほうがいい。
すぐにスキルにつながる課題を与え、そこに至るまでサポートする。**

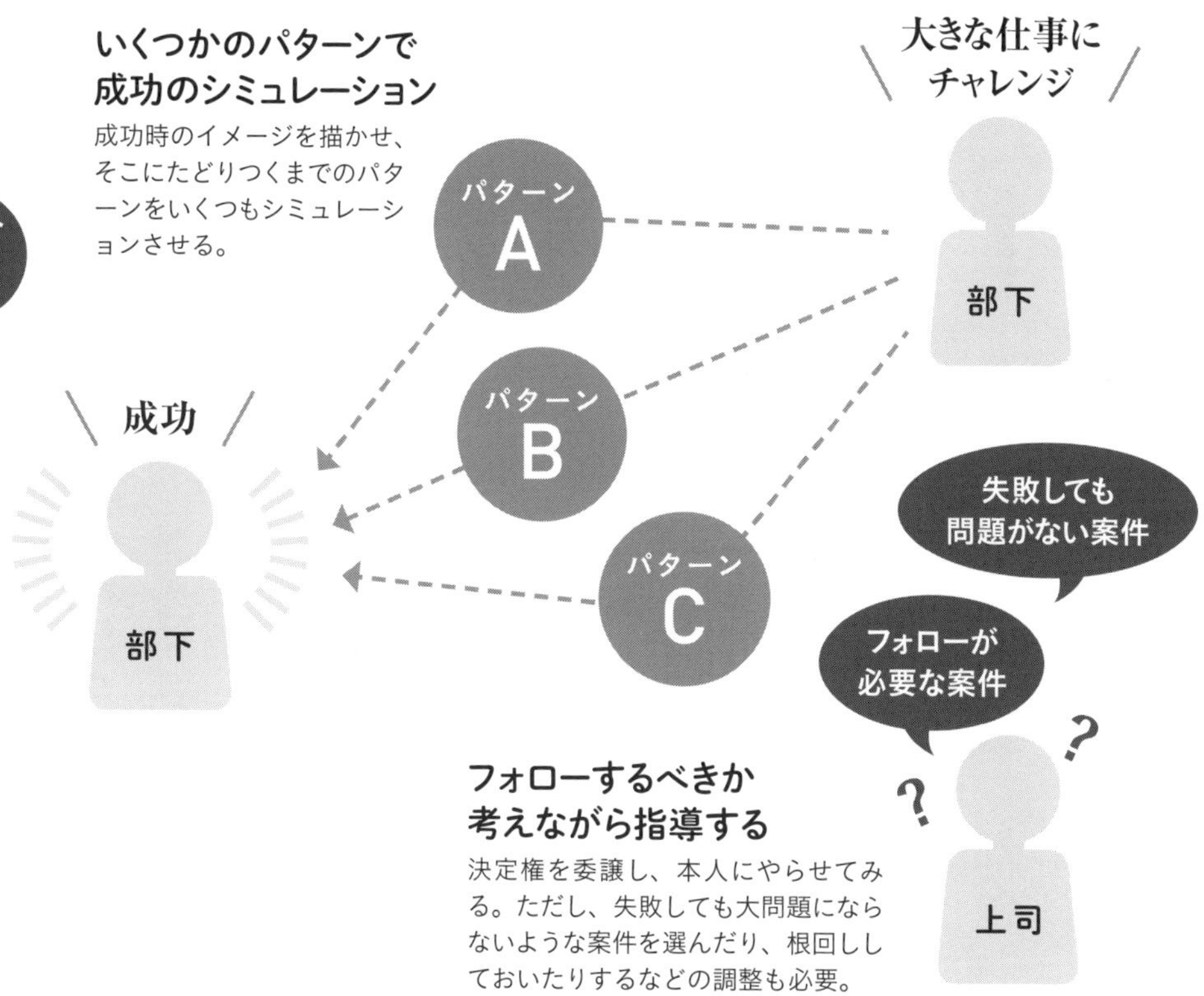

上昇志向の強いタイプは、やる気に溢れているのはよいのですが、従来の日本企業のように「ゆっくり育てる」風土では不満がたまりがちです。仕事がスキルアップにつながらないとフラストレーションがたまったり、できない人の仕事ぶりにイライラを募らせたりします。

このタイプには、早くプロになれるような仕事を思い切って任せると、やる気がフル回転します。またスタープレイヤーを目指す人も多いので、自分の夢のイメージをしっかり描かせ、そこに至るステップを具体的に示すと、将来への道筋が明確になります。部下はサポートしてもらっていると感じ、さらにやる気が湧いてきます。

安定志向が強いタイプ

負担を調整し、合理的な解決策を見出す

TYPE

仕事はそれなりに、だが積極性ゼロ

経験も実力もあるのに、がんばろうとせず、
仕事が忙しくなるとすぐイライラ。プライベートでやるべきことがあり、
所定時間内にきっちり仕事を終わらせたいと思っている。

がんばりたくないわ～～～
これよろしく～

特徴

絶対定時で仕事を終えたい

所定時間外は仕事をしたくない。所定時間、給与の範囲内でしかがんばるつもりはない。

特徴

給与はきっちりほしい

給与と勤務時間、仕事内容のバランスに敏感。公平性が損なわれると不満を抱きやすい。

特徴

プライベートでやりたいことがある

仕事は稼ぐ手段。プライベートで大事な問題を抱えている。育児、介護、また将来の夢などに時間を費やしたい。

SPEC

やる気 ☆☆☆	経験 ★★☆	実力 ★★☆

上司のボヤキ

経験も実力もそこそこある。
もっとチャレンジすればいいのに、
がんばろうとしないんだよなぁ……。

報酬と貢献のバランスをとって仕事をさせる

安定志向の人は、報酬と貢献のバランスに敏感。意思を尊重し、所定時間内に仕事が終われるように調整するのが望ましい。

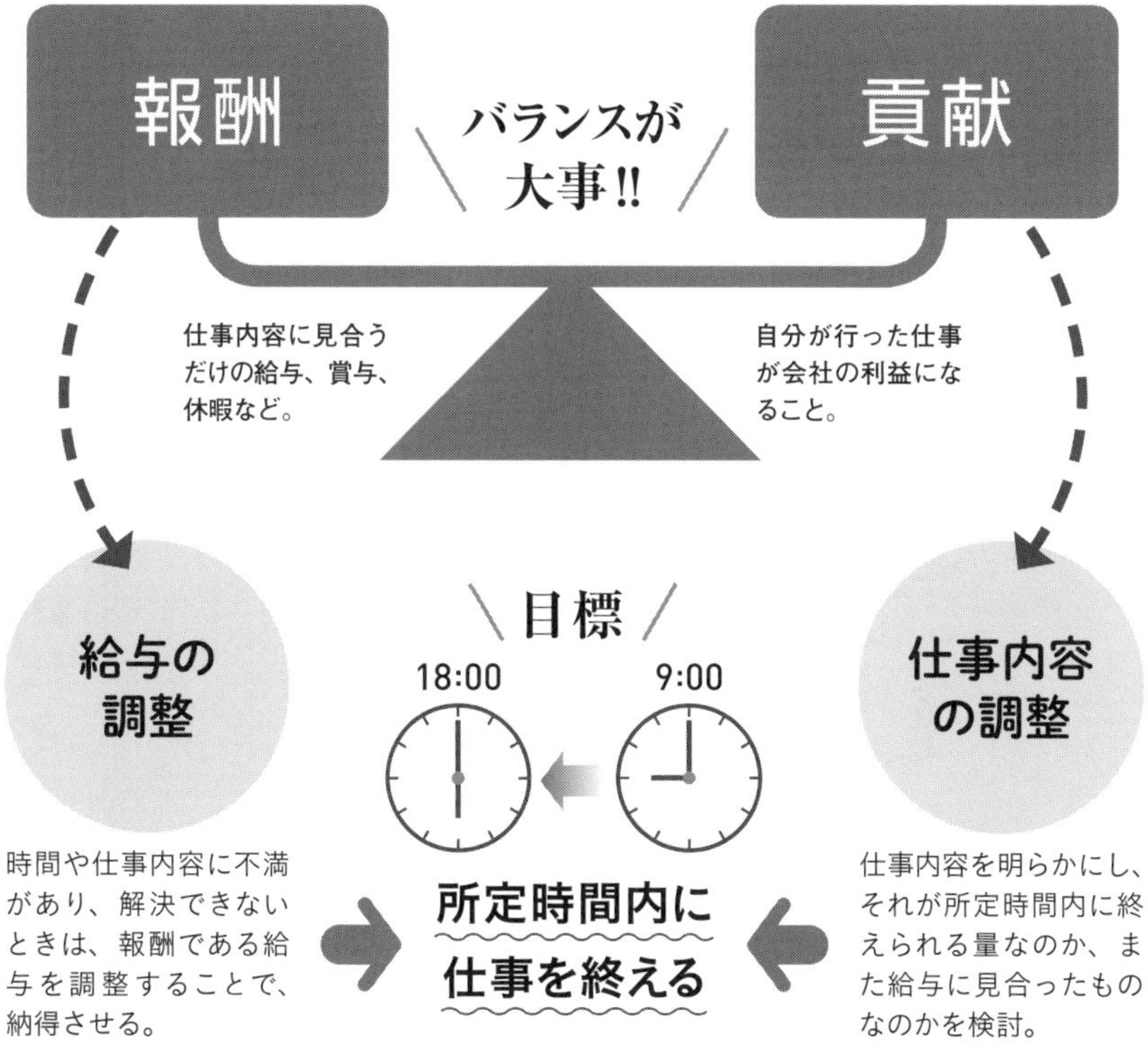

出世より安定を望むタイプは、就業時間内はきっちり働きますが、積極性はあまりありません。経験も重ね実力が認められても、それ以上がんばろうとはせず、仕事が忙しくなるとイライラすることもあります。プライベートでやりたいことがある人も多く、仲間と楽しく仕事ができればいいというスタンスです。

安定志向タイプは、報酬と貢献のバランスに敏感なので、仕事と給与の調整をして所定時間内に仕事が終わるようにします。このタイプは押しつけを嫌い、意思を尊重されるとやる気が出る人も多いもの。ワークライフオートノミー(P80参照)をとり入れて、勤務時間を自律的に設定させるのも効果的です。

ほめると慢心するタイプ

実力の誤認を改めながら、やる気を伸ばす

TYPE

自信過剰、思い込みが強い勘違い

自信過剰なタイプで、自分を過大評価しがち。
ほめられると慢心し、それ以上がんばらなくなるため、
成長が見られない。井の中の蛙になりやすい。

特徴

「やったらできる」と思い込んでいる

どんな仕事も「やったらできる」「まだやっていないからできない」と過信してとらえる。

特徴

都合が悪い情報には耳を貸さない

マイナス面に目を向けることができず、自分で反省点を見出すことができない。

特徴

ほめられるとすぐに手を抜く

ほめられるとモチベーションはアップするが、それでいいと思い、手を抜き始める。

SPEC

やる気 ★★★	経験 ★☆☆	実力 ★☆☆

上司のボヤキ

どんどん仕事に突っ込んでいくのだけど、
ミスも多い。ときどき成功してほめられると、
図に乗って手を抜き始める。

ほめるだけでなく、改善点を考えさせる

仕事の評価を正しく受け止められるように導く。
とり組んだあとにきちんと反省する習慣を身につけさせる。

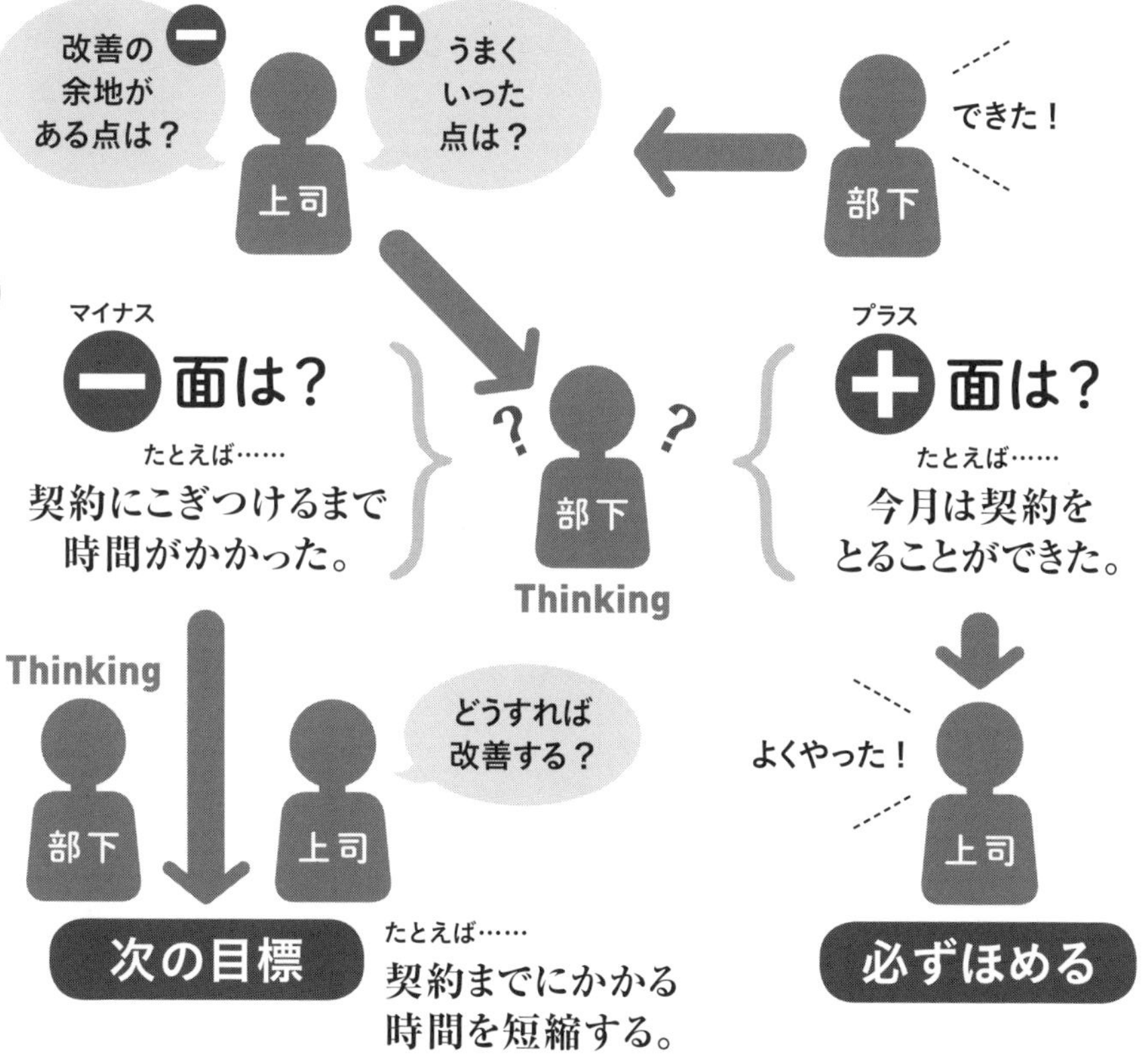

人は、ほめられるとやる気が出ますが、なかには慢心して努力をやめてしまう人もいます。

慢心の理由は、自信過剰。自分の実力を過大評価してなんでもできると思い込み、成長が止まっています。また自分に都合の悪い情報には耳を貸さず、上司の助言も素直に聞きません。

このタイプには、実力を正しく認識させることが必要です。顧客相手の仕事を任せたり、自分の作った製品を市場に出させるなど社外の風に当たらせ、改善策を自分で考えさせます。

一方、自信はやる気にもつながりますから、いいところはきちんとほめます。同時に次の目標を示して「その先がある」ことをわからせることも大事です。

くよくよしがちなタイプ

成功体験を認識させて自信につなげる

TYPE

打たれ弱すぎる職場の腫れもの

すぐくよくよするタイプで、打たれ弱くへこみやすい。
ほめられても素直に喜ぶことができない。
注意されると、助言も聞けなくなるほど落ち込む。

特徴

助言の内容は聞いていない

注意やアドバイスで心が折れる。肝心の助言内容については理解していない。

特徴

過小評価、否定的な気持ちになる

「自分はたいしたことがない」「うまくいくわけない」と考えがち。こう考えるほうが本人にとって気楽な面がある。

特徴

「できた」と思えない

過去の失敗にとらわれて、たとえ成功しても「できた」という自己効力感を持つことができない。

SPEC

やる気 ☆☆☆	経験 ☆☆☆	実力 ★☆☆

上司のボヤキ

ちょっとした指摘ですぐ顔色を変える。
注意しているだけなのに、ひどく落ち込むので、
こちらがいじめているような感じに……面倒。

5つのステップで一歩踏み出す勇気を与える

くよくよしがちなタイプを、手放しにほめても効果はない。
少しずつ挑戦させ、うまくいったところを認識させ、自己効力感を養う。

Step 1
少しずつチャレンジ

小さなことから少しずつ自己責任でやらせてみる。最初は、自らとり組む姿勢をほめる。チャレンジのハードルを少しずつ上げ、ほめるポイントを増やしていく。

Step 2
成功3、失敗1の割合で反省

やったことに対して、うまくいった点を三つ、失敗した点を一つの割合で反省させる。上司が指摘するのではなく、自分で見つけ出し、発表させるほうが自己認識力は高まる。

Step 3
まず、成功したところをほめる

うまくいった点をそれぞれよくほめる。成功に至ったプロセスを尋ね、自分の言葉でストーリー化して発表させる。なぜ成功できたのかを反芻して、成功体験を定着させる。

Step 4
失敗を一緒に分析する

ほめたあとに、失敗した点について考える時間を持つ。なぜ失敗だと思うのか、どうしてそうなったのか、まず本人に考えさせる。思考が止まるようなら一緒に分析していく。

Step 5
失敗を相対化し、はげます

失敗したポイントを理解、反省できたら、次は失敗を相対化する。もっと大きな失敗を想定し、それと比べさせる。自分のした失敗がたいしたことではなかったのだと理解させる。

慢心とは逆に、ささいな失敗にへこみ、自分を過小評価しがちな人もいます。

このタイプには、経験によって有能感や自己効力感を高めるのが大事。小さなことから挑戦させて、少しでも成功したら、すかさずほめます。

反省するときには、失敗に気をとられ、へこみがちに。成功と失敗を3対1の割合にして、まずは成功したところをきちんとほめます。

失敗については一緒に分析し、「たいしたことではない」というメッセージを、言葉と態度で伝えます。失敗から学び、立ち直ることのほうが重要なのだと教えることで、次の挑戦に踏み出す勇気を与えることができます。

プレッシャーに弱いタイプ

失敗の受け止め方を教えて挑戦を促す

TYPE

「失敗」に萎縮して、伸び悩み

過去の失敗がトラウマになっていて、悲観的になりやすく、表舞台に立つと萎縮してしまう。最終的に「どうせ私なんて」という投げやりな態度に変わることも多い。

特徴
チャレンジできない
過去の失敗の記憶が強く、新しいことにチャレンジしようとすると失敗を思い出して踏み出すことができない。

特徴
心配点ばかり列挙しがち
なにか始めようと思っても、マイナス面ばかり考える。心配しすぎて物事が前に進まない。

特徴
責任の重さを感じやすい
責任感が強く、「絶対失敗してはいけない」という強い思い込みや強迫観念を持っている。

SPEC

やる気 ★☆☆	経験 ★☆☆	実力 ★☆☆

上司のボヤキ

過去の失敗にとらわれて、新しい仕事を任せても萎縮してしまう。実力がないわけでもないのに、進歩しない。開き直られると厄介。

上司の一言でチャレンジ精神がよみがえる

最終的な責任はすべて上司がとるという態度を示す。
失敗に対する恐怖感をとり除き、一歩踏み出す勇気を与えられる。

部下
嘘だ……
絶対
大丈夫だよ
上司
やる気
ダウン
100%失敗しないということはありえない。嘘になるような無責任な励ましは、かえってモチベーションを低下させる。
部下
やって
みようかな
失敗するのは、
当たり前
上司
やる気
アップ
失敗は誰にでもあることで、本人のなかで重大なことととらえすぎないようにと、アドバイスする。
部下
やります!!!
失敗したら、
私が責任を負う！
上司
やる気
さらにアップ
現段階でなにかを実行しても、最終的な責任の所在が本人にはないことを伝えておくと、安心してとり組むことができる。

過去のトラウマなどが原因で、失敗が怖くて挑戦できないことも。慎重な性格の人に多く、上司が「絶対大丈夫だから」と、背中を押してもあまり効果はありません。むしろ「失敗してもいいから」「責任は私がとるから」と、失敗を恐れないような言葉をかけると効果的です。

ある企業では、前向きに挑戦して失敗した人には「大失敗賞」で表彰する制度をとり入れました（P97参照）。失敗した社員は、受賞を機にがんばるようになり、翌年には優れた業績に与えられる「社長賞」を受賞する社員も多いといいます。また、この賞を創設してから、積極的に挑戦する気風が生まれ、ミスを隠すことも少なくなったそうです。

指示待ち若手世代

モチベーションの高い仲間を作らせる

TYPE

仕事になると覇気がない

指示待ち型は若い世代に多く見られる。言われればやるが、
言われなければやらない。これはどこかの段階で、
そうしたほうががんばるより得だと学習したことで起こっている。

特徴
言われたことには素直に従う
反抗的な態度をとるというわけではない。他人から指示されれば、素直に従うことが多い。

特徴
やらないほうが得
がんばるより、やらないほうが得だと思っている。人に流されやすく、仲間がサボるなら一緒にサボってしまう。

特徴
ひとり黙々とがんばるのは苦手
黙々とがんばるのは苦手。心のよりどころとなる同世代の準拠集団の影響を受ける。

SPEC

やる気 ★★★	経験 ★★★	実力 ★★★

上司のボヤキ
仕事中は「どうでもいい」という態度。でも、
同期と一緒だと笑顔ではつらつとしている。
仕事でも活発さを見せてくれたらいいのに……。

準拠集団のやる気が本人に影響する

準拠集団という心のよりどころとする集団の影響を受け、流されやすい。その集団が前向きなら、つられてやる気を出すことが多い。

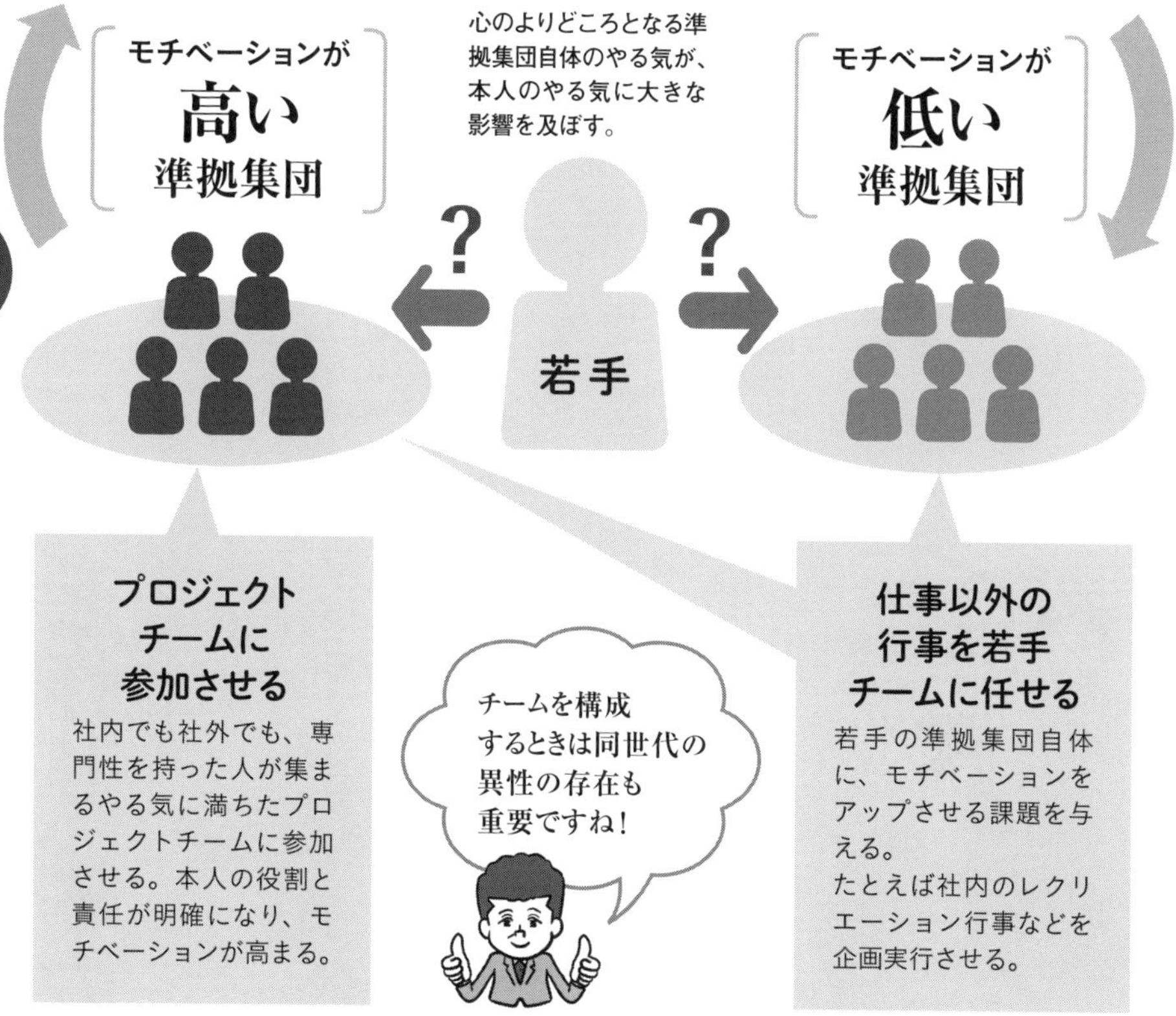

モチベーションが
高い
準拠集団
心のよりどころとなる準拠集団自体のやる気が、本人のやる気に大きな影響を及ぼす。
モチベーションが
低い
準拠集団
?
?
若手
プロジェクトチームに参加させる
社内でも社外でも、専門性を持った人が集まるやる気に満ちたプロジェクトチームに参加させる。本人の役割と責任が明確になり、モチベーションが高まる。
チームを構成するときは同世代の異性の存在も重要ですね！
仕事以外の行事を若手チームに任せる
若手の準拠集団自体に、モチベーションをアップさせる課題を与える。
たとえば社内のレクリエーション行事などを企画実行させる。

言われたことは素直にするけれども覇気がなく、指示があるまでなにもしない「指示待ち症候群」は若手に多く見られます。

このタイプの特徴は、準拠集団といって、本人が心のよりどころとする集団の影響を受けること。若手は同世代の仲間に準拠しがちなので、やる気のない仲間といると気力も低下します。

これを防ぐには、やる気のある集団に身を置かせること。たとえばプロジェクトチームに参加させると、驚くほどやる気を発揮するようになります。また若手の集団に仕事以外の行事を一任すると、やる気をとり戻すこともあります。このとき、男女交ざった集団にすると、一層活気が生まれて効果的です。

昇進をいやがる中堅世代

理想のロールモデルを作り、不安をとり除く

TYPE

ポストに届くのに腰を上げない

ロールモデルとなるような先輩管理職がいないため、
管理職によいイメージを持てない。他人の面倒を見ながら、
自分の仕事もこなし、責任ばかり問われると考えている。

特徴

管理職のポストにメリットを感じていない

負担が大きく、得るものが少ない、それに見合う報酬がない、損な役回りだと感じている。

特徴

人の管理や指導はしたくない

管理・指導する立場ではなく、現場に徹するプレイヤーのままでいたいと思っている。

特徴

これ以上の負担は苦痛

仕事の責任や負担が大きくなることが憂うつ。もっと気楽に仕事をしていたい。

SPEC

やる気 ★☆☆	経験 ★★☆	実力 ★★☆

上司のボヤキ

経験も実力もあり、もう少しやる気を出せば、
管理職になれるのに、自分からやろうとしない。
推薦しようとすると、迷惑そうな顔をされる。

管理職とそれ以外の道とを示し、やる気を引き出す

理想的なロールモデルが社内にいない場合、本人と管理職のポストの内容について話し合い魅力的なものに変えていく。

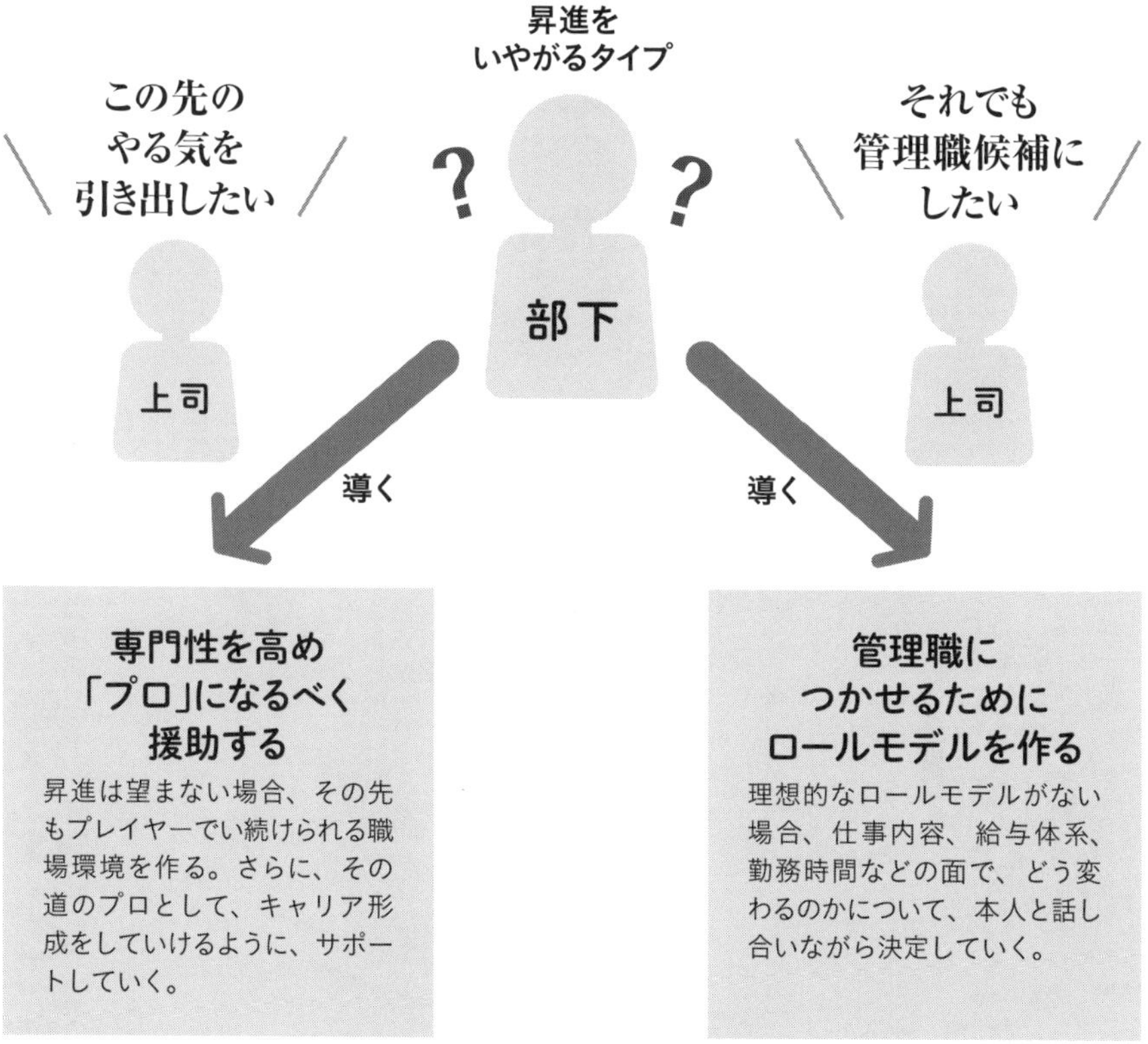

　管理職になれる力があるのに、なりたがらない人が増えています。理由は負担を増やしたくないから。苦労する上司や、マスコミで謝罪する経営者の姿を見ると、報酬も欧米ほど大きくない日本の管理職は割に合わないと思うのでしょう。

　会社側は、管理職を見直し、本当に必要なポストだけに数を絞る必要があります。さらに過剰管理を緩め、仕事の負担を減らし、魅力的なポストを作ります。従業員が「あんなふうになりたい」と思えるようなロールモデルができれば理想的です。

　一方、管理職につきたくない人には「プロ」としてキャリアアップできる道筋を示し、サポートして、やる気を高めます。

投げやりな中高年世代
職場の仲間からの承認機会を与える

TYPE

消化試合的に仕事をしている

経験豊富なぶん、すべてがルーチン化してしまい、
新奇なことも起こらない。仕事でも、プライベートでも、
承認される機会が減り、自分の存在意義が感じられない。

特徴

あまり慕われていない

特定の人以外とはあまり交流も持たず、やる気がない様子が見てわかる。周囲から慕われていない。

特徴

大きな仕事はない

半ばリタイア状態で、重要な仕事は任されていない。目新しいできごとや重要な事件も起こりにくい。

特徴

消化試合のような気持ち

仕事や昇進への意欲も、後輩指導への熱意もない。消化試合的な気持ちで出勤している。

SPEC

やる気 ★☆☆	経験 ★★★	実力 ★★☆

上司のボヤキ

先輩だから、注意も指導もしづらくて放っていた。
でも、あからさまな態度をとるので、管理職
である自分に対する風当たりも強くなり……。

役割を与え、存在意義を感じさせる

ベテラン社員は経験や知識が豊富。それを活かして存在意義を感じられる役割を与え、社内で承認される機会を作る。

社員研修の講師を担当させる

社員研修などで、講師役を依頼するとモチベーションがアップする。研修内容を組み立てたり、研修用の資料を用意したり、本人の体験談を若手の前で話させることで、過去の経験を振り返り、自信をとり戻させることができる。

若い部下のサポートをさせる

ベンチャー企業などでは若手経営者の補佐役として、ベテランをつけることがある。これと同じように若手の補佐、指導役として活躍してもらう。指導・助言は時間、場所を限定する。サポートの仕方にルールを設けるといい。

マイスター、アドバイザー制度を作る

熟練技術を持つ人、貢献してきた人などに、マイスターやアドバイザーを名乗らせる制度を設ける。たとえばその人の名前を掲げた研究室を作る。特別なバッジなどを用意し、他の従業員からもひと目でわかるようにする。

社内にシンクタンク的な部署を作る

ベテラン社員には、過去の経験と知恵が詰まっている。それらを利用して、社内でシンクタンク的な部署を用意するといい。トラブルの解決策に悩む従業員の相談窓口となり、過去の問題とその解決法をもとに指導にあたる。

50歳を過ぎると、多くの人は先が見え、新事業を任されることもなく、刺激もありません。家庭もマンネリになりがちで、毎日が消化試合のような感覚の人さえいます。

この世代には、自分が役に立っているという「自己有用感」が大事です。培った経験は会社の財産です。若手へのアドバイザーを頼むといいでしょう。

ただし、あまり口出しするとうるさがられるので、アドバイスは時と場所を限定します。

研修で仕事の失敗や困難を克服した経験談などを話してもらう、若手の補佐役に親子ほど年の離れたベテラン社員をつける、などすると、周囲から尊敬され、自己有用感もアップします。

不満いっぱいの非正規社員

目的を把握し、求めるものに応じて指導する

TYPE

不満が多く周囲ともうちとけない

仕事内容や時間、給与面、人間関係で不満を抱いていてモチベーションが低い。たとえば正規社員と同じ仕事をしているのに給与が安い、など。不満は本来の思惑とのズレに起因している。

特徴

なにかと不満を抱えている

勤務時間、仕事内容、人間関係などなにかと不満を感じやすい。

特徴

いやいややっている

この仕事は、契約期間終了までの辛抱だと思って働いている。またそれが態度によくあらわれてしまう。

特徴

職場にうちとけられない

他の従業員との待遇の違いなどから、働き方が異なり、うまく周囲にうちとけられない。

SPEC

やる気 ★☆☆	経験 ★★☆	実力 ★★☆

上司のボヤキ

口数が少なくて、考えていることがわからない。不機嫌な雰囲気で不満がありそう。非正規社員だから仕方ないかなぁと思うんだけど……。

不満の内容と将来の目的を把握してから指導

**不満がありそうだと思ったら、まずその人が、いずれどうなりたいのかを確認。
将来、正社員を希望しているのか、非正規のままがいいのかで指導法が変わる。**

非正規社員として働きたい

家庭の事情や他に目指しているものなどがあり、非正規で働き続けたいと思っている。

仕事の内容、勤務時間などを話し合う

不満の原因が、仕事の内容や勤務時間にあるなら、まずその点を調整する。給与面での交渉が必要な場合も、よく話を聞き出し、納得して仕事にとり組める状況を作る。

HR型表彰制度などでやる気を引き出す

サンクスカードを従業員同士で贈り合うHR型表彰制度のような軽い承認制度をとり入れる。正規も非正規も関係なく参加することで、周囲とうちとけやすくなる。

正社員を希望している

将来は正規社員を目指し、キャリア形成していきたいと望んでいる。

履歴書の書き方などを指導する

就職に向けて、履歴書の書き方、面接の仕方などを指導する。その先のキャリア形成を応援してくれているという認識が生まれると、今いる場所でのやる気はアップする。

資格取得のための手当などで援助する

資格取得などの手当を出したり、時間的な融通をきかせたりする。非正規社員にもこうしたサービスを与えることで、他の従業員の会社への信頼感も高まる。

労働者の約4割を占める非正規社員は、待遇面で不満を抱えやすく、やる気の出ない人も多いようです。責任ある仕事を任せるとやる気が出る人がいる一方、「同じ仕事なのに給与が低い」と、不満を募らせる人もいます。考え方をよく聞いて対応することがカギとなります。

正社員を希望している人には、履歴書の書き方を指導したり、資格取得のための手当などキャリア形成のサポートをすると、自分を支援してくれていると感じてやる気が高まります。

非正規で働き続けたい人には、仕事内容や勤務時間の調整をします。HR型表彰制度（P98参照）などを設けて、楽しい職場作りに努めるのも効果的です。

Column

モチベーションを高める チーム作りのコツ

メンバーの数は 4人が最適

チームで仕事をする場合、メンバーのモチベーションをどう高めていくかが課題となります。モチベーションの高い人ばかり集めても、集団の関係性の中でとり残されるメンバーも出てくるものです。誰も落ちこぼれず、前向きに仕事にとり組むためには、チームの設計と運営、つまりしくみ作りが重要です。

まずメンバーの数は４人程度に絞ること。７〜８人以上いる部署なら、４人程度のチームに分けて行動させます。

チームが５人以上になると、全員がまんべんなく意見を言うことができなくなります。やる気のある一部の人だけで議論するようになるため、話に加われない人のモチベーションは急速に低下します。

もし適当な人数で分けられないなら、リーダーがファシリテーター（調整役）となり、全員に順番で発言させる工夫をしましょう。意見を言わない人は、言うことがないわけではありません。多くの場合、人間関係の力学の中で、遠慮をするのです。言わないのではなく、言えない。こうした状況が続くと、やる気は低下します。

定期的にチームを入れ替え、リーダーを回り持ちに

また、メンバーは固定化させず、定期的にシャッフルを。固定化すると、狭い人間関係に目が向き、内向き志向に陥ります。モチベーションを上げるには、外向き志向が欠かせません。

同時に、チーム内のリーダーは回り持ちがおすすめ。誰もが一度はリーダーを体験するしくみを作るのです。

立場が変わると視野が変わります。責任も負担も重くなりますが、一段高い視点で人や状況を見て、判断を下すような経験は、リーダーでなければ得られません。こうした経験を積めば、全員が成長でき、チーム全体のモチベーションが高まります。

PART
5

やる気が出ない、続かないとき、今すぐやるべきこと

やる気が消えてしまったら、「適度なうぬぼれ」をとり戻す

部下のやる気をオンにするのもひと苦労ですが、最近では脂の乗り切った社員の中にも、やる気の低下に苦しむ人がいます。

キャリアを積むにつれ、ほとんどのことがルーチン化し、新たな刺激を得られなくなります。達成感も少なくなります。自己効力感を覚えることも減り、やる気が失われていきます。

そこで必要となるのが、自分で自分のやる気を上げるノウハウ。キーワードは、「ナルシストになること」です。

過剰なナルシスト

うぬぼれが強すぎると、自分を過大評価して失敗しがち。やる気があるように見えても、がんばりすぎてバーンアウトを起こすことも。

俺うっとり
すごいイケてる
しかし
その結果
自分を見誤っていいるため、やがて自滅する
スポ根型やる気
モチベーション

《「健全なナルシスト」だけが

自己否定的な人間

「できた」という自己肯定感を持ちづらく、自信が消失し、自分を過小評価しがち。キャリアがある人でも、日常の仕事がルーチン化すると、否定的な気持ちになり、やる気を喪失する。

健全なナルシスト

等身大の自分を受け止め、夢に向かって前向きに挑戦する。できたことは「できた」と感じることができ、自己肯定感を持ってがんばることができる。

健全なナルシストになって新たなことに挑戦する

「ナルシスト」には、悪いイメージもありますが、大事なのは「健全な」ナルシストになること。過剰なナルシストが自信だけで突っ走るのに対して、健全なナルシストは、自分を正しく認識したうえで「これでＯＫ」と自信を持ってサインを出せます。

つまりベテランならではの知見に基づいて自分をきちんと判断し、「大丈夫」というお墨つきを自分自身に与えるのです。

確証がなくても仕事を進めるには、ある種の「うぬぼれ」も不可欠。あえて健全なナルシストになれば、さらに高みに上るためのやる気が生まれます。

やる気が出ない原因

「おっくう」に理由をつけて大事にしている

「おっくう」を大きくしているのは自分だった

やる気が出ない理由を分析していくと、「おっくう」にたどりつく。
おっくうに理由をつけ、やる気のなさを正当化している。

やる気
出ないなぁ
大事大事
大事
大事
ペタ
ペタ
世界情勢が不安定だから
業界の景気が悪いから
天気が悪いから
寝不足だから
おっくう
退屈
それらしい理由で「おっくう」な気持ちをコーティングしている。
「おっくう」な気持ちの出どころは「退屈」であることが多い。

日々、部下にハッパをかける立場にある人でも、自分自身、やる気の低下に悩んでいることはよくあります。

やる気が出ない理由は「景気が悪くて」「寝不足で」など、さまざまですが、よく考えていくと、「おっくうで」の一言に尽きる場合が多いもの。つまり、どんな理由であれ、人の心に巣喰う「おっくう」を打破することができれば、やる気はすぐによみがえるはずなのです。

おっくうと感じるのは、退
である証拠。新しいこと
するワクワク感不

自分を鼓舞するために刺激をとり入れる

**日々の生活に、刺激的なできごとが少なくなると退屈を感じやすい。
キャリアを重ねてきた人ほど、刺激をとり入れるとやる気が湧く。**

社外の研修や講習に参加する

社外研修や講習会など、社外の人たちと一緒になにかを学んだり、意見を出し合ったりする場に参加する。

顧客と対面して対話する

現場でのやりとりを部下任せにするのではなく、たまには自ら出向いて顧客と対話する。

刺激ハンマー

本業以外のことにも目を向けてみる

本業以外で興味を持てること、スポーツや知的好奇心を満たせることを始めてみる。

やる気のない人とのつきあいを断つ

日頃つきあっている仲間を吟味し、やる気がなく、愚痴が多い人たちとのつきあいを断つ。

キャリアを重ねてきた人ほど、
新奇な体験が減り、
「おっくう」な気持ちが
心を占めるようになります。

おっくうを撃退するには、新たな挑戦で、心に刺激を与えるのがいちばん。社外研修のように、ふだんと異なる人と接するのも効果的です。本業以外の習い事などに熱中すると、心の中からおっくうが消滅し、やる気が顔を出すことも多いのです。

やる気再燃計画① 目標の再設定

自分の役割や夢をもう一度とり戻す

仕事の目標、人生の夢を見直す

**現在の仕事のやり方を変える、仕事以外でもやりたいことを探す。
新たに目標を設定することで、モチベーションを上げることができる。**

人生の夢を見直す

定年後など、仕事をしない状況が訪れたときに、自分がどういう毎日を送りたいかをイメージし、目標を作る。

たとえば……

- やろうとして諦めていたこと
- 実はやりたかったこと
- 勉強したいこと
- 目標とする生活のためにやるべきこと

など

仕事の役割を見直す

業務内容を仕分けする。他人に任せるべき仕事は任せて川下管理に徹し、自分が動く意味がある仕事にとり組む。

たとえば……

- 人脈を活かせる仕事
- 経験を活かせる仕事
- 立場を活かせる仕事

など

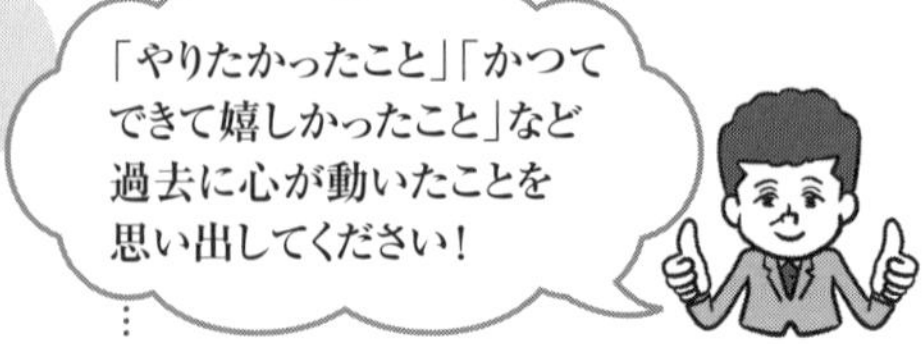
「やりたかったこと」「かつてできて嬉しかったこと」など過去に心が動いたことを思い出してください！

やる気に再点火するには、夢や目標をとり戻すことです。

多くの人は、仕事がマンネリ化してやる気が薄れ、「これが本当に自分のやりたかったことなのだろうか」と、疑問を抱き始める人さえいます。

まず、仕事の役割を見直してみましょう。部下の管理は川下にとどめ、やりたいことがあれば、部下の仕事でも「プレイヤー上司（P51参照）」として、積極的に引き受けます。これまで培った経験や人脈をフルに活かし、ハイ・パフォーマーとして輝きをとり戻すことも可能です。

実は会社にもメリットが大きい

副業

会社のメリット

・新たな才能や潜在能力の発見につながる。

・副業可能をアピールすることで、優秀な人材を引きつけることができる。

従業員のメリット

・将来の経済的リスクを回避できる。

・活躍の場、人とのつながりが広がる。

双方のメリット

・社外で得た経験、知識、情報が本業にも役立つ。

・意識が外向きになるため、モチベーションが上がる。

● NGとされることが多い副業は？

- 会社の信用に傷がつく仕事
- 業務の情報漏洩につながる仕事
- 会社の資産を毀損する仕事
- 競合他社での仕事
- 本業に支障が出る仕事
- 本業の営業妨害になる仕事

2017年2月、政府は社員の副業を普及拡大するガイドライン作りを決定しました。これまで本業に支障が出るなどの理由で、ほとんどの日本企業が副業を認めませんでした。けれどもかけた時間と生産性が必ずしも比例しない今日、副業は見直されています。

副業は従業員の意識を外に向けモチベーションを上げるだけでなく、会社にもプラスになります。従業員の潜在能力が開発されるのはもちろん、有能な人材を集めやすくなるからです。

情報漏《ろう》洩《えい》などリスクに対するルールを作り、副業ができる土壌作りを速やかに進めましょう。

やる気再燃計画② 人間関係の修正

接し方を変えて苦手な相手との関係を修正

当たり前のことからやり直して関係を修正

感情的な上司、不機嫌な年上の部下、お荷物扱いの若手……。
無視するより、一歩踏み出し接し方を変えてみると関係が改善する。

Step 1

先回りし、あいさつする

相手よりも先に「おはよう」「お疲れさま」などのあいさつをし、こちらから声をかける。

Step 2

話題を見つけ、声をかける

日頃から声をかける話題を探しておく。ほめる材料になりそうな話題を探し、声をかける。

やる気が出ない原因の一つに人間関係があります。自分が苦手と思うときは、相手もそう感じていることが多いもの。お互い避けていると、どんどんおっくうな気分が増していきます。

状況を改善するには、勇気を出して人間関係を変える努力が不可欠です。「おはよう」の一言で、すんなり関係がスムーズになることもあるのです。

ポイントは、相手のいいところを引き出す姿勢。長所をほめるのはもちろん、得意分野について質問するのは、とても効果的です。誰でも人に教えを請わ

Step 3

関心を示し、質問する

その話題について質問をしてみる。工夫のポイントや気をつけていることなどを聞く。

どんな工夫をしてるんですか?
それは えーとねー

Step 4

ほめる（承認する）

答えてくれたことに対して「なるほど」「確かに」など同意を示し、よくほめる。

すごーい!
パチ
パチ
そうかしら

れると、ちょっとした優越感を覚えて教えてあげたくなるもの。人間関係を築くうえで、こうしたコミュニケーションはとても役に立つのです。

　苦手だった相手に積極的に関わった結果、友情に発展したというケースも少なくありません。

相手を変えるには自分が
変わるしかありません。
勇気を出して、
相手を承認することから
始めましょう。

やる気再燃計画③ 所属サークルの検討

職場・家庭以外の集団を見つける

会社以外の集団に所属するほうがやる気は湧く

職場の集まりは、社内の人間関係を円滑にする効果はある。
しかし、社内の人間関係が持ち込まれ、やる気はアップしづらい。

× 会社と同心円上の集団

社内のイベント、社員寮・社宅内での活動
社内のグループ、勉強会
会社
社内のサークル、クラブ活動

プライベートでの楽しみを、会社内の延長線上にある集団内に限られている場合、モチベーションはあまり上昇しない。

勤務時間の長さも一因となり、多くの会社員は、日々、職場と家の往復で暮らしています。そのうえ、社員寮や社宅住まいをしていたり、趣味のサークルや飲み会まで同僚とばかりで、生活が会社一色という人もいます。

こうした生活は、社内の人間関係にはプラスですが、徐々にマンネリ化して刺激もなくなり、やる気は下がっていきます。

もっとも効果的なやる気アップの方法は、会社以外の集団に所属すること。ジムでも資格取得のスクールでも構いません。従来の人間関係を引きずらない

会社以外の集団

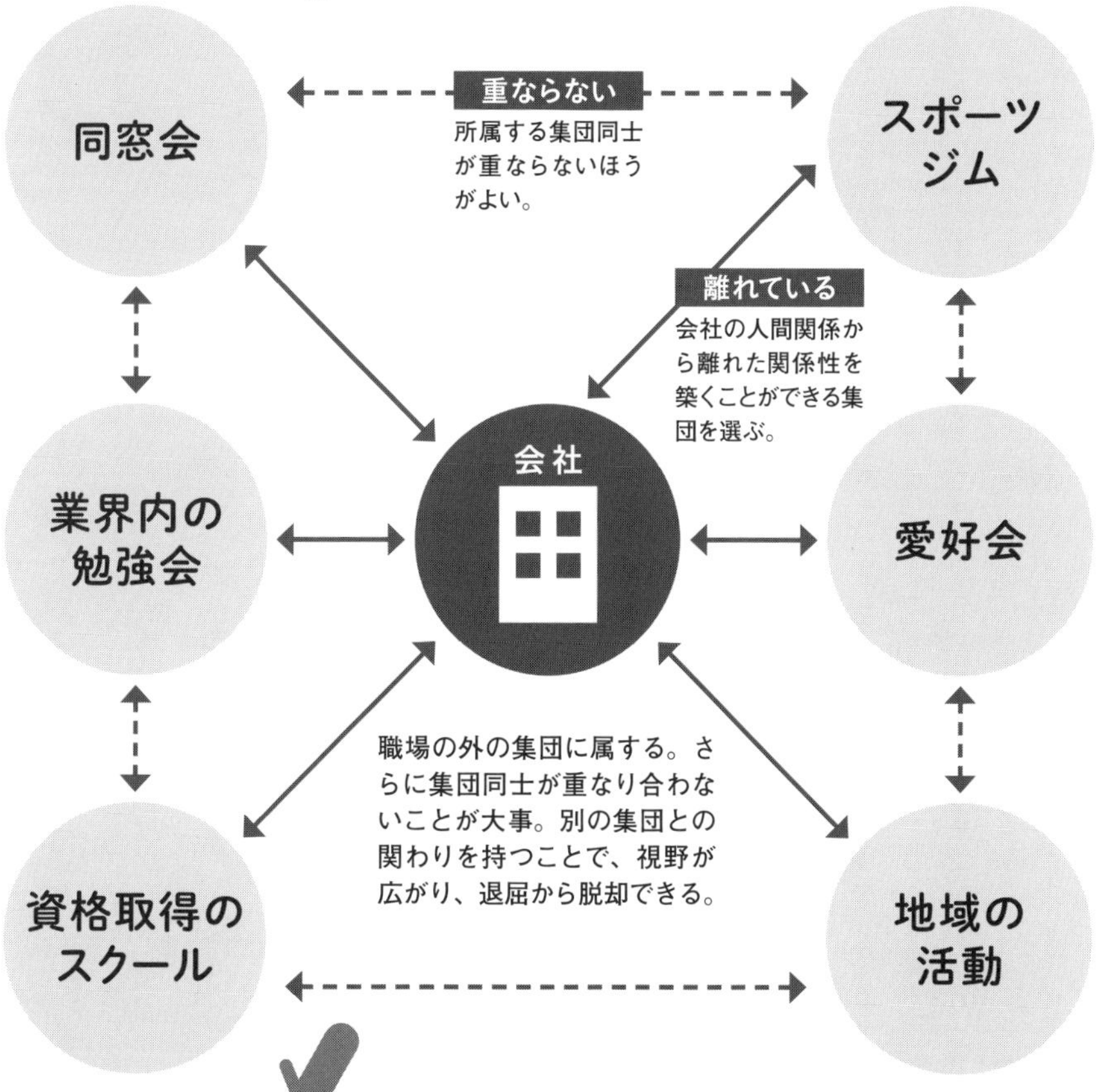
重ならない
所属する集団同士が重ならないほうがよい。
同窓会
スポーツジム
離れている
会社の人間関係から離れた関係性を築くことができる集団を選ぶ。
会社
業界内の勉強会
愛好会
職場の外の集団に属する。さらに集団同士が重なり合わないことが大事。別の集団との関わりを持つことで、視野が広がり、退屈から脱却できる。
資格取得のスクール
地域の活動

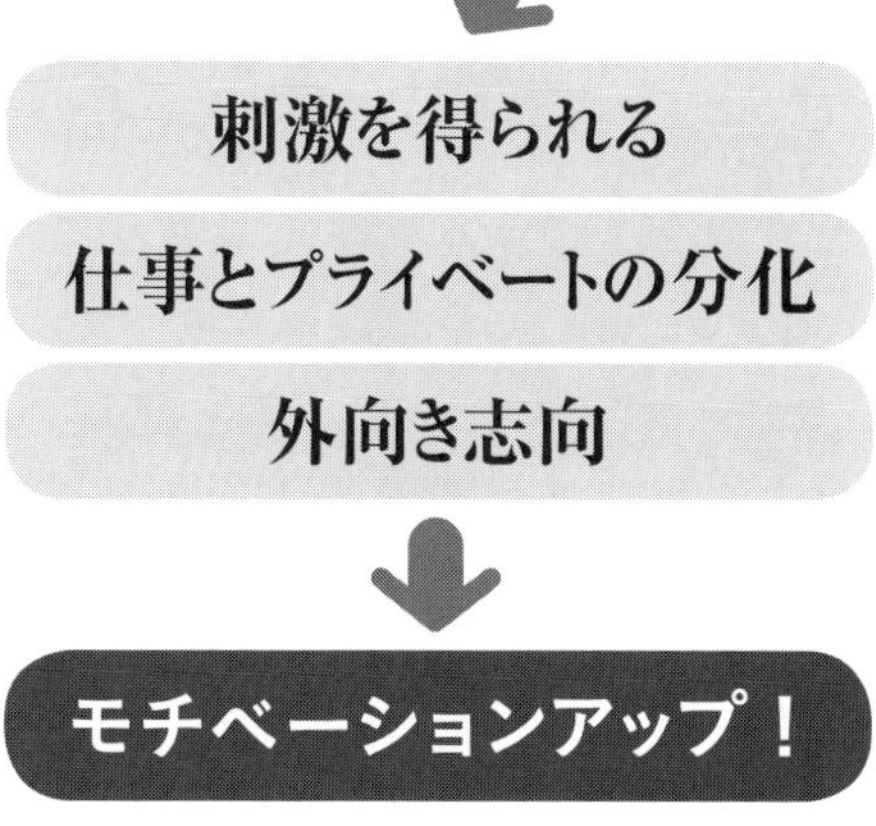
刺激を得られる
仕事とプライベートの分化
外向き志向
モチベーションアップ！

新しい集団に飛び込むことです。すると必ず、新たな自分を発見し、知らない人から刺激を受けることができるはずです。

また、プライベートが充実すると、仕事を早く終わらせようとするので気合いが入り、相乗効果を得ることもできます。

やる気再燃計画④ 運動効果を利用

運動すると前向きな気持ちになる

やる気が湧かないと体を動かすのもおっくうになりますが、そういうときこそ運動がおすすめ。脳の血流がアップして、気分が前向きになります。

とくに、ジムに通い、トレーナーに励ましてもらうと、大きな刺激にもなり、自己効力感をより強く感じられます。

ジムに行くほどの気力がなければ、ちょっといつもと違うことに挑戦してみるのも効果的。一駅先まで歩いたり、知らない店に入ってみるなど、ルーチンルートに変化を。気分を刷新することができます。

動くことで行動パターンを変える

やる気が湧かないときこそ、まず体を動かしてみる。
血流がよくなり、脳機能も活性化。気分が前向きになる。

気力があるなら

トレーナーに承認してもらう
できないことを教えてもらう。練習してできるようになる。できたことをほめてもらえる。こうしたやりとりを通じて、自己効力感を育むことができる。

健康的な生活を送れる
運動によって、生活に健康的なリズムが生まれる。自律神経も整い、肥満防止や加齢対策にもなる。

新しいコミュニティに所属する
スポーツジムなどに通うことで、行動範囲・交友関係が広がっていく。

スポーツジムに通う、パーソナルトレーナーをつけるなど、運動をする態勢を整える。生活が変わり、新たな人間関係が生まれ、刺激になる。

気力がないなら

気力がないなら、帰宅時に一駅分歩くだけでも構わない。たとえば書店、カフェなど、いつも行かない場所を一人で訪れてみたり。生活を変えるきっかけを探しながら歩く。

生活を変える きっかけを探す

生活を変えるきっかけを考え、街を歩いてみる。歩きながら、楽しそう、面白そうと思えるものを探す。

一駅分 歩いてみる

あえて一駅分歩いたり、帰宅ルート上で立ち寄ってみたい場所を調べて途中下車し、訪れたり。30分歩くだけでも世界は広がる。

喫茶モチベーション
BOOK STORE

ふだんと違う場所に 立ち寄る

目にしていたけれど入ったことのないバーやカフェで一服したり、帰宅時間でも開いている書店やスーパーを探し、買い物をしたりしてみる。

有酸素運動は 健康効果が高い

20～30分間、背筋を伸ばして歩くと、よい有酸素運動になる。血流がよくなり、脂肪燃焼効果も。

やる気のツボ

マインドフルネス瞑想で前向きな気持ちになる

ビジネスパーソンのあいだで話題の「マインドフルネス瞑想」では、呼吸や身体感覚に注意を向け、今ここにいる自分をしずかに観察していきます。仕事や家庭の悩みなど、あちこちに飛び回っている頭の中を、瞑想でしずめていくと、脳機能が活性化し前向きな気持ちに。集中力が高まり、仕事の効率もよくなるという効果もあります。

【 通勤電車でもできる 】

次第に頭の中がしずまっていく。
軽く目を閉じる。
鼻呼吸をし、吸う息、吐く息を注意深く観察する。
姿勢を正して浅く腰掛ける。

やる気再燃計画⑤ ダイアリーの有効活用

ノートや日記、スケジュール帳で自分を認める

夢・目標を具体化するための計画を立てる

仕事での目標設定や、年間計画のように、自分のプライベートでも
夢・目標を具体的に計画し、実行するためのスケジュールを立てる。

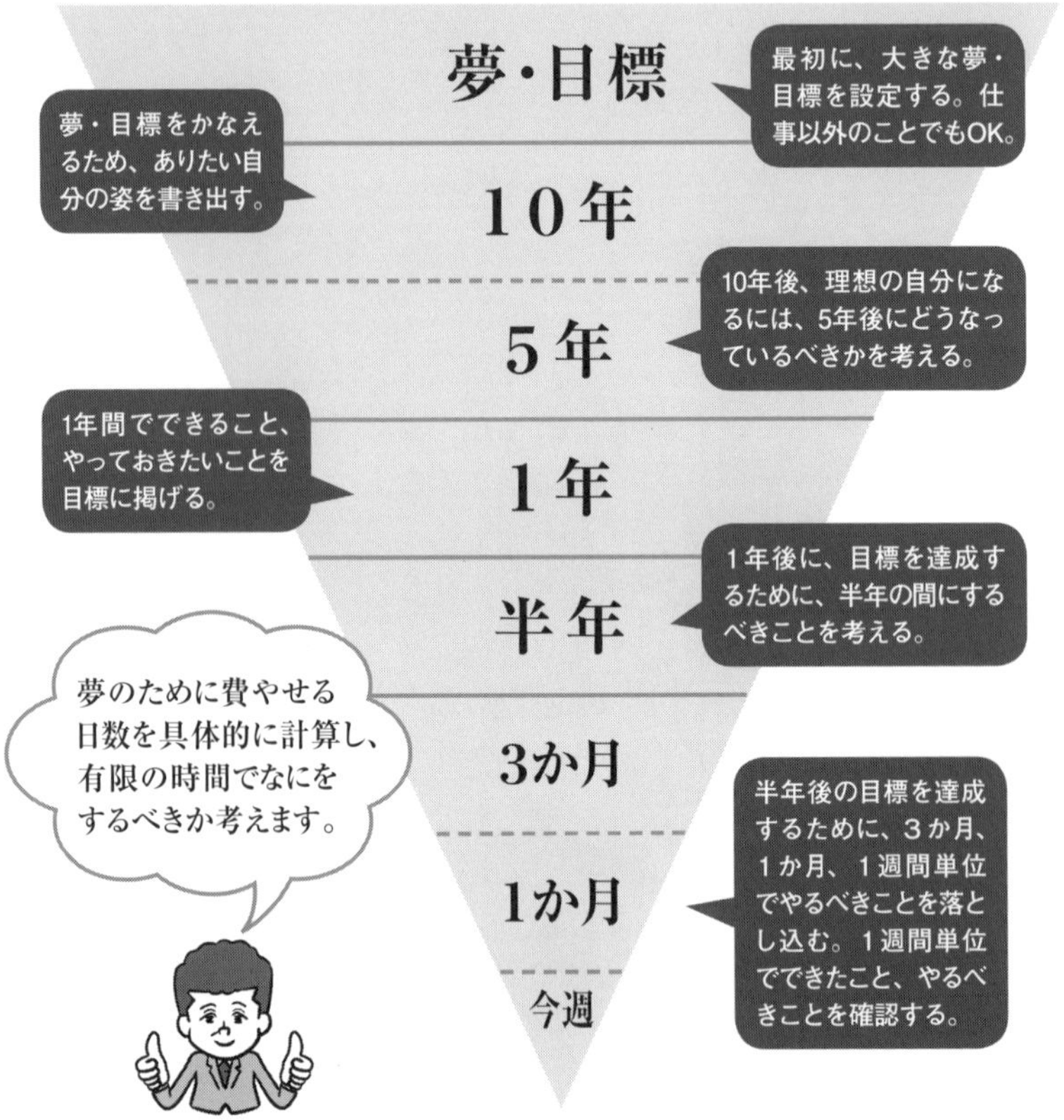
夢・目標
最初に、大きな夢・目標を設定する。仕事以外のことでもOK。
夢・目標をかなえるため、ありたい自分の姿を書き出す。
10年
10年後、理想の自分になるには、5年後にどうなっているべきかを考える。
5年
1年間でできること、やっておきたいことを目標に掲げる。
1年
1年後に、目標を達成するために、半年の間にするべきことを考える。
半年
夢のために費やせる日数を具体的に計算し、有限の時間でなにをするべきか考えます。
3か月
半年後の目標を達成するために、3か月、1か月、1週間単位でやるべきことを落とし込む。1週間単位でできたこと、やるべきことを確認する。
1か月
今週

人はほめられ認められることでやる気を奮い立たせます。ところが、年を重ねるにつれてほめられる機会が減り、やる気の泉はかれていくもの。

そこで有効なのが、ダイアリーの活用。毎日のできごとだけでなく、「できたこと」を記し、自分でほめるのです。専用の日記に限らず、スケジュール帳の片隅でも構いません。自分の行動を毎日きちんと確認し、よかったこと、成長したことを記すことで、自己肯定感を得ることができます。

さらに日記には、将来達成し

たい夢や目標と、そこにたどりつくまでのステップを、段階的に記しておきます。大きな夢にたどりつくまでの計画表となり、毎日の記録は、そのためのエールとなって、自分を励まし続けてくれます。

できた喜びを書き記し、自分でほめる

自分が日々行っていることを、認識しほめるツールとして手帳を使う。
毎日1～3個、よかったことを書き記す。それを見直すことで自信をとり戻す。

11:00 会議 15:00 A社(虎ノ門)打合せ	・帰りに駅前にできた書店に立ち寄る。	・いつもより1時間早く出社できた。 ・打合せでうまくプレゼンできた。
13:00 B社来社、打合せ	・帰りにジムで1時間泳ぐ。	・新しいカバンをおろした。 ・山田さんにカバンをほめられて嬉しかった。 ・ジムで1時間半泳いだ。がんばった。よくやった。
11:00 会議 14:00 C社顔合せ	・早めに帰り、妻の誕生日を祝う。	・ケーキを買って帰ったら、妻が喜んでくれた。 ・家族に感謝!
15:00 D社来社、打合せ 16:00 チームミーティング 19:00 歓迎会	・佐藤さんに話しかけてみる。	・苦手だった佐藤さんに話しかけることができた。 ・セレクトしたレストランの料理がおいしかった。

ふだんのスケジュールを書き込む。

新しいことにチャレンジしたい、試してみたい、行ってみたいなど、前向きな欲求が湧いたら記す。

どんな小さなことでもいいから、できたことを1～3個程度書く。

嬉しい、楽しいなど、プラスの感情に焦点を当てて書く。

他にも、感謝の気持ちが湧いたことなど、読み返してプラスの感情が働くことを書き残す。

やる気のツボ

自分自身をよく観察し、ほめる量を増やす

「自分をほめてください」というと、「ほめる言葉が浮かばない」という人がいます。でもそれは観察不足。「外見」「内面」「能力」「結果」の4つの角度で、自分を眺めてみてください。仕事で結果が出なくても「にこやかにできた」と、外見をほめることはできるはず。自分自身をよく観察し、あなたの中に眠る長所を発掘してください。

やる気再燃計画⑥ 憧れの対象

憧れる対象を見つけて、真似をする

ストーリーを分析しながらロールモデルを確立

こうなりたいと思う憧れの対象がいれば、モチベーションが上がる。立身出世、成功物語を持つ人物を分析し、真似できるところを探す。

人生の転機を探る

人生の転機はどこにあったのか。偶然のできごと、勇気ある行動、手助けした人物などを探っていく。

生きざまを理解する

どういう生き方をした人物なのか、生い立ち、性格や行動パターンなどを見ていく。

魅力を書き出す

自分がその人物のどこにひかれているのか、魅力と感じる部分を言葉にして書き出してみる。

「あんな人になりたい」という憧れが将来の夢を持つ出発点になることは多いもの。今、管理職になりたい人が減っているのは、憧れるべき管理職の姿が見当たらないことの裏返しといえるでしょう。これでは、将来への夢や野心も抱けず、やる気も低下します。

自分が手本にしたい「ロールモデル」が周囲になければ、歴史上の人物でも政治家や芸術家、映画やドラマの登場人物でも構いません。どこかに憧れの対象を見つけて、真似してみます。

ロールモデルを選ぶことで、

成功体験を疑似的に体験する

**ロールモデルがいなくても、疑似体験を通じて同じ効果を得ることができる。
ある程度まとまった量の成功体験談に触れ、自分の中に定着させる。**

ドキュメンタリー作品

創業者の半生を追ったもの、開発者たちの試行錯誤を描いたもの、経済ドキュメンタリーなど。具体的な事例を挙げているため、職場の揉め事の解決にも役立つ。

小説、映画、ドラマ

起業家の成功物語やアドベンチャーもの、起死回生の物語など。成功している経営者が紹介している小説や映画を鑑賞するのもいい。

ビジネス書

ほとんどの仕事上の悩みごとは、ビジネス書にその解決策が書かれている。ハウツー本はもちろん、経営者自らが半生を語った自伝なども、仕事をするうえでヒントが多い。

歴史書

有名な経営者たちが座右の書としている歴史書を読む。生き方、人生観、大局の読み方など、歴史に裏打ちされた考えを知ることで、視野を広くし視点を高く持つことができる。

自分が人生に求めているものをはっきりと認識することができます。また、その人物の生きざまを理解し、自分も魅力的な人間になろうとすることが大きな刺激となって、前向きな気持ちが生まれます。

休日に、偉人の記念館を
訪ねるモチベーションアップ
旅行をするのもいいですね!

やる気再燃計画⑦ チームの再構成

異性や年齢の離れた人と一緒に仕事をする

年齢、性別が異なるほうがやる気が湧く

縦関係の上司部下、横関係の同僚同士では、異性がいるとやる気が湧く。
これらの関係上の異性とのあいだでは、劣等感や優越感を覚えにくい。

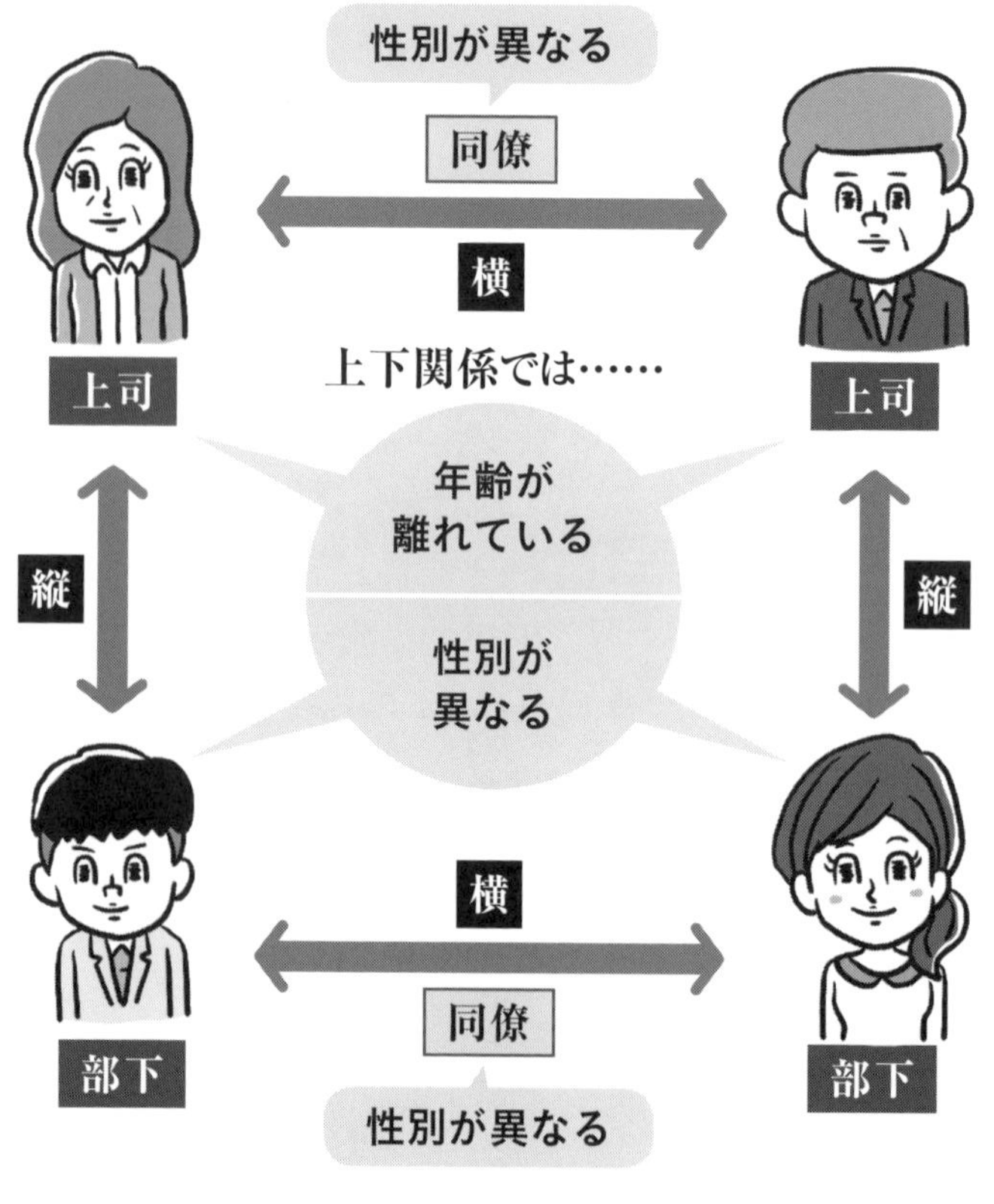

ダイバーシティが集団の風通しをよくすることは、先に触れた通りですが、性別や年齢など価値観の異なる人と一緒に仕事をすると、刺激を受けてやる気がアップします。とくに、チームに一人でも異性がいると、全体が活気づくのは動物の本能に根ざしたもの。皆さんも理解できるのではないでしょうか。

また、集団内の関係性を潤滑にするために、斜めの関係に注目。斜めの関係とは、上司と部下、同僚などの縦、横以外の関係です。他部署の部課長や先輩社員、パートや非正規社員など、

斜めの関係をとり込むとうまくいく

上下関係がうまくいかない、でも関係を解消できない場合には、斜めに位置する人を巻き込むと、膠着状態を緩和してくれる。

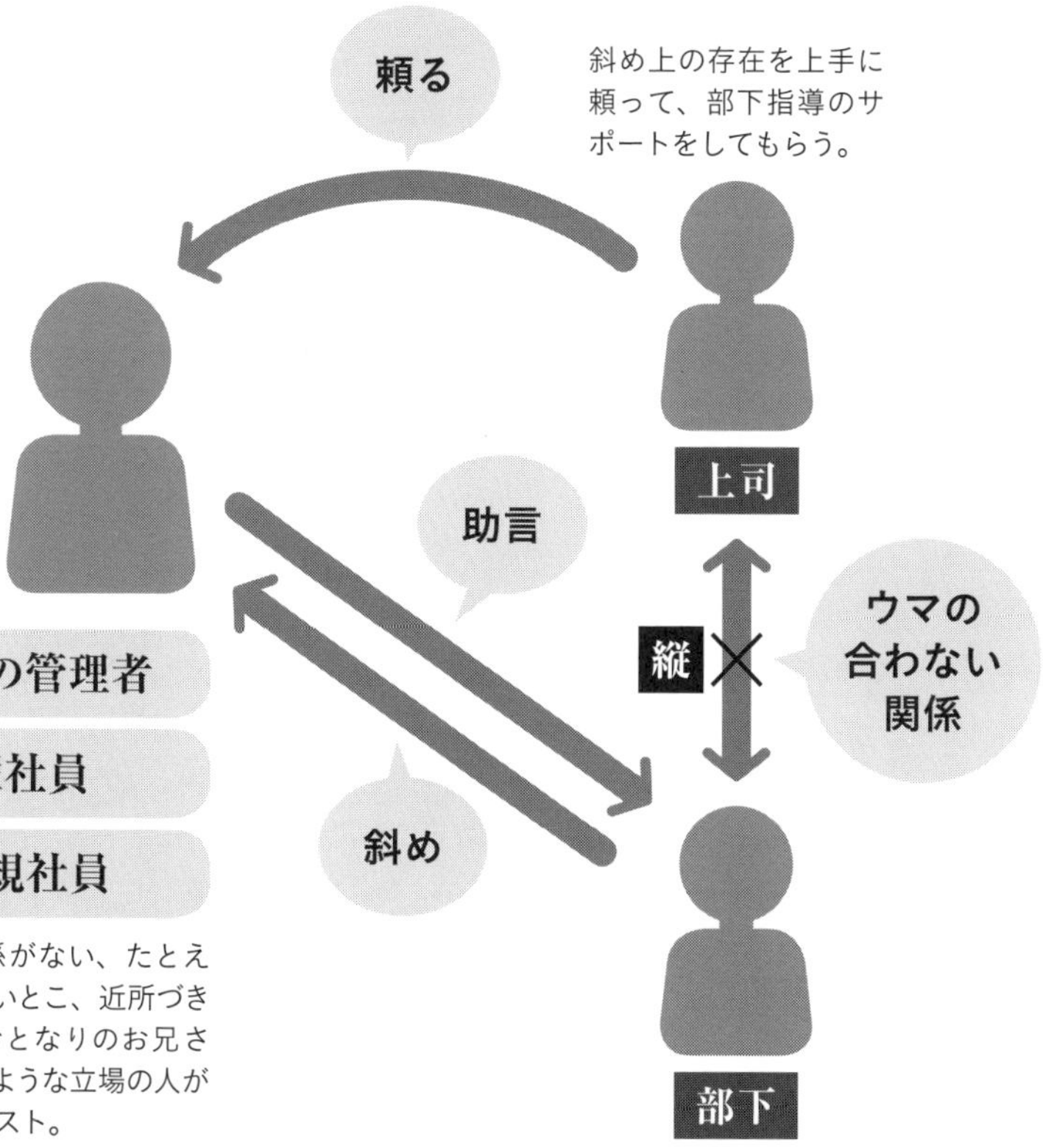

斜め上の存在を上手に頼って、部下指導のサポートをしてもらう。

たとえば……

- 他部署の管理者
- 先輩社員
- 非正規社員

直接の利害関係がない、たとえば親戚でいえばいとこ、近所づきあいでいえばおとなりのお兄さん、お姉さんのような立場の人が助言役としてベスト。

直接利害関係にない人なら客観的に状況を見ることができます。たとえば、直接部下に言いにくいことでも「パートのお姉さん」に頼んでさりげなく伝えてもらうと、意外と素直に受け入れられるものです。

やる気のツボ　ミネルヴァのフクロウを目指す

「ミネルヴァのフクロウは迫りくる黄昏とともに飛翔を始める」というヘーゲルの言葉があります。人類の知は一つの時代が終わるときに盛んになるという意味ですが、同じことが人生にもいえます。

知性が成熟するのは、経験や研鑽を積んだ晩年になってから。目先の華やかさに惑わされず、将来を見すえて内面の充実を心がけたいものです。

心の中から溢れ出るやる気で日々達成感を覚え、高みを目指そう

イチロー選手が以前、インタビューで、「野球が楽しいとはいえない」と話しているのを聞いたことがあります。引退した元広島東洋カープの黒田博樹投手も、「現役時代は野球を楽しいと思ったことは少なかった」と話したそうです。

それでは彼らはなぜ、楽しくない野球のために自らに厳しい練習を課し、卓越した結果を残すことができたのでしょうか。

私はここに、モチベーションの真の姿があるように思います。

人は、大きな志や目標を持ったとき、それを達成するために目の前のハードルを越える努力をします。努力はつらいものですが、**心の中から溢れ出るやる気によって、つらくても努力をすることを選ぶ**のです。草野球のように楽しむことはできなくても、高いハードルを越えることに達成感を覚え、さらに苦しい努力を自らに課す。これがモチベーションであり、**私たちが更なる高みを目指すことを可能にする活力の源泉**なのです。

誰でも皆、心の中には、さまざまな夢や志を抱いています。それを実現してくれるのは、同じ心の中に存在する「やる気の泉」に他なりません。働く人々が自分のやる気の泉に刺激を与え続け、日々達成感を覚えながら、夢の実現に向けて邁進していただきたいと願っています。

参考資料

『がんばると迷惑な人』（新潮社）

『個人を幸福にしない日本の組織』（新潮社）

『最強のモチベーション術
人は何を考え、どう動くのか？』（日本実業出版社）

『社員の潜在能力を引き出す経営』（中央経済社）

『承認とモチベーション』（同文舘出版）

『選別主義を超えて―「個の時代」への組織革命 』
（中央公論新社）

『組織を強くする人材活用戦略』（日本経済新聞出版社）

『なぜ日本企業は勝てなくなったのか
個を活かす「分化」の組織論』（新潮社）

『認め上手 人を動かす53の知恵』（東洋経済新報社）

『認められる力』（朝日新聞出版）

『「やる気」アップの法則―
〝認められたい〟人たちのパワーが倍増する！』
（日本経済新聞出版社）

以上、すべて太田肇著

データブック国際労働比較2016
（独立行政法人　労働政策研究・研修機構）

東京労働局ホームページ（厚生労働省）
http://tokyo-roudoukyoku.jsite.mhlw.go.jp/

働き方・休み方改善ポータルサイト（厚生労働省）
http://work-holiday.mhlw.go.jp/

太田 肇（おおた　はじめ）

1954年兵庫県生まれ。同志社大学政策学部教授。同大学院総合政策科学研究科教授、経済学博士。神戸大学大学院経営学研究科修了。専門は個人を尊重する組織の研究。自らを「組織学者」と名乗り、今の組織・社会を個人を生かす組織・社会に変えること、そしてそれらを創っていくことを目標に、発言、執筆を続ける。『なぜ日本企業は勝てなくなったのか　個を活かす「分化」の組織論』（新潮社）、『最強のモチベーション術 人は何を考え、どう動くのか？』（日本実業出版社）など著書多数。

公式ホームページ　http://www.eonet.ne.jp/~ohtahajime/

装幀　石川直美（カメガイ デザイン オフィス）

装画・本文イラスト　オオノマサフミ

本文デザイン　八月朔日英子

校正　渡邉郁夫

編集協力　浅田牧子、オフィス201（小川ましろ）

編集　鈴木恵美（幻冬舎）

知識ゼロからのモチベーションアップ法

2017年9月5日　第1刷発行

著　者　太田　肇

発行人　見城　徹

編集人　福島広司

発行所　株式会社　幻冬舎

〒151-0051　東京都渋谷区千駄ヶ谷4-9-7

電話　03-5411-6211（編集）　03-5411-6222（営業）

振替　00120-8-767643

印刷・製本所　株式会社 光邦

ISBN978-4-344-90325-8 C2095
Printed in Japan
幻冬舎ホームページアドレス　http://www.gentosha.co.jp/
この本に関するご意見・ご感想をメールでお寄せいただく場合は、comment@gentosha.co.jpまで。